作者简介

张 宇 女,1980年8月,山西太原人,博士。太原科技大学德语教师。研究方向:德语语言文学,德国文化。目前已在国内外期刊发表德语国家语言与文化论文十余篇。主持省级课题两项,参与省级课题两项。

太原科技大学博士科研启动金项目（w20152007）

当代人文经典书库

话语的弦外之音

德语语境中说话人隐含意义的建构手段与策略研究

HUAYU DE XIANWAIZHIYIN

张 宇 ◎ 著

东北师范大学出版社
NORTHEAST NORMAL UNIVERSITY PRESS
长春

图书在版编目（CIP）数据

话语的弦外之音：德语语境中说话人隐含意义的建构手段与策略研究 / 张宇著. —长春：东北师范大学出版社，2017.7

ISBN 978-7-5681-3536-8

Ⅰ.①话… Ⅱ.①张… Ⅲ.①德语—语境学—研究 Ⅳ.①H33

中国版本图书馆 CIP 数据核字（2017）第 190697 号

□策划编辑：王春彦　　　　　□封面设计：中联学林
□责任编辑：王春彦　　　　　□内文设计：中联学林
□责任校对：张　琪　　　　　□责任印制：张允豪

东北师范大学出版社出版发行
长春市净月开发区金宝街 118 号（邮政编码：130117）
销售热线：0431—84568122
传真：0431—84568122
网址：http://www.nenup.com
电子函件：sdcbs@mail.jl.cn
三河市华东印刷有限公司印装
2017 年 7 月第 1 版　　2017 年 7 月第 1 版第 1 次印刷
幅面尺寸：170mm×240mm　　印张：14　字数：194 千

定价：68.00 元

致　谢

　　时光荏苒，光阴似箭，又是一年的春天来到了。回想三年前的那个春天，我满怀着对上海外国语大学的仰慕和对德语语言学的热爱，非常幸运地考取了陈晓春教授的博士研究生。带着满心的欢喜和初为博士生的激动懵懂地开始了博士阶段的学习生活。然而，最初的激动与兴奋很快就被庞大精深的语言学专业体系和浩无边际的德语专业书籍冲淡。纷繁复杂、精深细致的语言学学科分支体系令人望而却步，特别是当代语言学发展迅猛，与诸学科的交叉趋势日趋明显：生态语言学、性别语言学、司法语言学……就在我徘徊苦恼，无从下手之时，陈老师特意在繁忙的教学科研工作之余，抽空为我们单独安排了德语语言学理论与专题研究的课程，帮助我们梳理了语言学中的常见问题以及重要的理论体系。在老师的悉心传授和引导之下，我终于逐渐明晰了自己研究的方向，找到了自己研究的切入点并进一步确定了研究思路和研究方法。

　　除了加强理论知识体系的梳理和建构，陈老师还十分注重我们的德语语言能力的提高。老师常说：博士阶段理论学习的同时，切不可忘记个人语言基本功的训练。他常常敦促我们多多阅读，多多朗读，还时常为了纠正我们某个读音，解释某个词汇而"大费周章"。课余时间，陈老师主动为我们创造各种德语教学实践的机会，希望我们在一线教学中多说、多想，并结合教学来加深对理论的理解。

经过三年的学习,我收获了很多,不仅仅是德语语言学的专业知识,同时也是一种研究的方法和治学的态度。我的所有收获要归功于那些帮助和关心我的人。此刻,就在论文即将搁笔之际,我想向他们真诚地道一声:感谢。

首先我要再次感谢我的导师陈晓春教授。从论文的选题、资料收集、结构设计、体系完善无不浸润着陈老师的心血。陈老师精深渊博的专业知识,严谨的治学态度,诲人不倦的高尚师德、积极乐观的生活态度无不深深地感染着我。陈老师是我一生的良师和益友。

论文能够得以完成,我想特别诚挚地感谢卫茂平教授、谢建文教授、陈壮鹰教授。卫老师的德国浪漫主义文学课程、谢老师的接受美学课程以及陈老师的德语诗歌课程不仅使我更加深刻地感受到德语文学的魅力,同时还拓宽了个人的理论视角、提高了理论修养。每每回想起上课时,我们的报告、老师的点评、师生间的热烈讨论都让我无比珍视和怀念这宝贵的博士学习生涯。老师们的文学理论素养,旁征博引的语言思辨艺术,孜孜不倦的研究精神是我终身受用的财富。

此外,我还想感谢我的母校上海外国语大学。上外德语系为我提供了赴德访学交流的机会,使我可以在论文开题之际,在德国拜罗伊特大学收集论文资料,为论文的顺利完成创造了条件。在德期间,我选修了拜罗耶特大学 Peter Kistler 教授开设的"批评性话语分析"的 Seminar。治学严谨的 Kistler 教授不仅主动延长自己的 Sprechstunde 为我答疑解难,理清研究思路。同时还特意单独留出三次课的时间让同学讨论我的论文,帮我进一步明晰研究角度,发掘研究中可能存在的问题。在课程中,我收获了很多,再次感谢他们对我论文写作的帮助。

另外我还要感谢我的工作单位太原科技大学,学校为我读博创造了机会并在我读博期间提供了各种便利,外国语学院的各位领导主动为我减轻了工作负担,使我可以更多地投入到论文科研中,谢谢领导和各位同事的理解和帮助。

  在这里,我还想特别感谢的是我的同学和各位朋友。我的同门郭翰、师姐邱海颖,同窗李晓燕、王微、黄艺、陈早、邹小忆、贺致远以及所有关心过我的朋友,是他们的关心和鼓励陪伴我度过了博士论文写作中的每一点痛苦和快乐。感谢你们的陪伴和鼓励。

  最后,我想感谢我的家人。我的父母已年过半百,但是他们在我学业最为繁忙的阶段,主动帮我承担了照顾孩子的任务和繁杂的家务,真心地感谢你们的守候和付出。在论文写作中,我的爱人在繁忙工作之余,还担当了我的"心理指导师"和"讨论伙伴"。每当我的论文遇到瓶颈时,他总是不厌其烦地开导我,鼓励我,和我一起讨论问题,尽管我们的专业没有太多交集,但是他仍能耐心地倾听,帮我发现我的"思维死角"。在他的鼓励和支持下,我的论文才能最终坚持并完成。在这里,我还想对我的儿子说一句:对不起,在你最需要我陪伴的时光里,妈妈却总是"缺席"。

  感谢所有关心和帮助过我的领导、老师、朋友、同学和家人。

前　言

　　话语的"弦外之音"和"言外之意"是说话人话语中的隐性意义,是说话人意义的一部分。意义的隐含性是人类语言的共性。任何文化中的交际在一定程度上都是隐含和间接的,只有小部分意义依赖于词语本身,而大部分意义是通过暗示、假设和听话人的补充传递的。话语意义的隐含性现象不是偶然和零星的,它广泛存在于语言交际的各个层面、各种场景、各样文体中,是语言表达中极其活跃的现象。尽管在不同语言文化中,隐含意义的表达方式、认知推理、语境附加等诸多方面存在差异,但是它却是语言的本质属性之一。笔者在整合前人研究成果的基础上,认为语境中说话人的隐含意义包含以下三个方面:

　　1)首先,从话语意义层面来看,语境中隐含意义是说话人的意义。这种意义可以分为三个维度:

　　a. 说话人话语的意图(Sprechers – Intention);

　　b. 说话人话语的语境蕴含意义(Sprechers – Implikatur, Situations – Implikatur);

　　c. 说话人的情感与评价意义(emotionale Implikatur, bewertende Implikatur)。

　　2)其次,从认知角度来看:语境中说话人话语隐含意义的生成与理解是一种以语境为依托、创设关联的推导认知的思维过程。隐含意义是特定的情境中溢于言外的意义,是超出话语表面意义的意义,其语言形式和语义之间都有不同程度的偏离,它的含义显现在特定的语境中。换言之,隐含意义是语言表层形式与语境相结合的产物。受话者需要借助不同的认知推理才能获得发话人言语交际时真正的话语意图和情感评价。

3)最后,从语言语用角度来考察:隐含意义的生成也是一种形式经济、意涉丰富、一语多用的话语策略。隐含意义就是用少量的语言传递更多的信息或者以表示某种意义的语言形式去曲折地表示另一种意义的话语方式与策略。

本文将隐含意义作为独立的体系进行系统的研究。以德语语境中说话人的隐含意义现象为研究对象,从语言共时层面出发,以大量语料为基础,采用系统的研究视角,重新考察隐含意义,运用归纳、演绎等方法重新梳理语言中的隐含意义。通过本研究试图解决如下问题:

1)德语语境中说话人隐含意义的界定以及系统描写与归类。

2)梳理德语语境中说话人隐含意义生成的各种手段。其中涵盖韵律、词法、句法与修辞手段。

3)开拓性研究德语语境中说话人隐含意义的语用生成策略。

4)整合语言学、心理学、美学、社会学等诸角度全面考察语境中说话人的隐含意义,深入阐释其生成与推理机制。

本文的重点在于借助大量语料系统挖掘语境中隐含意义的生成手段以及德语媒体语篇传达说话人隐含意义的语用策略。文中所选语料包括:日常生活交际语料以及媒体语料;媒体语料选自德国主流媒体(语料涉及的时间段为 2000 – 2014 年),包含平面媒体:《南德意志报》(*Süddeutsche Zeitung*)、《世界报》(*Die Welt*)、《时代报》(*Die Zeit*)、《明镜周刊》(*Der Spiegel*)、《焦点》(*Focus*)以及网络媒体:Focusonline,Spiegelonline,Zeitonline。研究主要针对日常会话中的口语以及媒体语篇的书面语(包含采访语料中的口语)。所选媒体语料涵盖政治、经济、文化、科技、社会生活等诸领域,语篇文体多样,如:报道、评论、广告、采访等。需要指出的是,本文涉及的说话人是一个宽泛的概念范畴,既包括说话者也包括写作者。

　　说话人隐含意义的研究主要是考察语境对语言意义的附加和制约作用。通过研究可以了解交际者的认知状态、目的取向、情感态度。因而,研究隐含意义不仅有助于深入理解话语的语用含义,而且还可以洞悉话语中所隐含的交际者的世界图景、心智状态和情感态度。

目 录
CONTENTS

1. 引 言 …… 1
   - 1.1 问题的提出 1
   - 1.2 语境中说话人话语隐含意义的界定 4
     - 1.2.1 语境中说话人话语隐含意义的一般性认知 4
     - 1.2.2 语境中说话人话语隐含意义界定的第一个层面：蕴涵(Implikatur) 5
     - 1.2.3 语境中说话人话语隐含意义界定的第二个层面：预设 12
     - 1.2.4 语境中说话人话语隐含意义界定的第三个层面：言外之意 17
     - 1.2.5 语境中说话人话语隐含意义界定的第四个层面：所说与所意味的不一致产生的话语意义 18
     - 1.2.6 语境中说话人话语隐含意义界定的第五个层面：语言间接性 20
     - 1.2.7 语境中说话人隐含意义的第六个层面：说话人的评价意义 21
     - 1.2.8 小 结 24
   - 1.3 语境中说话人话语隐含意义的属性 25
   - 1.4 语境中说话人话语隐含意义的语用功能 28
     - 1.4.1 寒暄功能 29

    1.4.2　礼貌功能　30
    1.4.3　幽默功能　31
    1.4.4　讽刺功能　31
    1.4.5　评价功能　32

2. 相关研究 ·· 35
  2.1　研究的缘起:语言的形式、功能与隐含意义　36
  2.2　语用学研究　37
    2.2.1　布勒的语言工具说　37
    2.2.2　意义的规约性与语境性:维特斯坦的语言游戏说和意义使用论　37
    2.2.3　意义意向性的初涉:言语行为理论和间接言语行为理论　38
    2.2.4　德国学者对言语行为理论的深化:从间接言语行为研究话语的施为语力　43
    2.2.5　意向性理论的深化:Grice 的合作原则和会话含义　47
  2.3　研究对象、方法以及语料选择　54
  2.4　研究意义和创新　55
  2.5　本文的结构　56

3. 语境中说话人隐含意义研究的理论基础 ··············· 58
  3.1　语言哲学基础:语言与思维的关系　58
  3.2　符号学基础　60
    3.2.1　语言符号与符号意义的离合性　61
    3.2.2　语言符号的多义性　62
    3.2.3　语言符号的三个层面:意谓－意义－意象　65
    3.2.4　符号意义的语境依附性　67
  3.3　心理学基础　69

3.3.1　认知激活并建构意义　69
　　3.3.2　完形理论下的隐含意义:隐含意义是一种联想思维认知
　　　　　过程　70
3.4　社会学基础　73
　　3.4.1　语用距离与隐含意义　74
　　3.4.2　自我保护与回避禁忌　76
3.5　美学基础　77
　　3.5.1　语言是一种审美活动　77
　　3.5.2　说话人隐含意义的美学意义　78

4. 语境触发的说话人隐含意义的建构手段 …………………… 80
4.1　语境的线索功能:语境对话语隐含意义生成的制约　80
　　4.1.1　隐含语义在语境线索中得到限定　82
　　4.1.2　话语中的隐性逻辑关系在语境线索中显性化　83
　　4.1.3　话语中的隐喻本体在语境线索中具体化　83
　　4.1.4　话语中的不确定所指在语境线索中显性化　84
　　4.1.5　语义在语境线索中发生偏移　85
　　4.1.6　语义在语境线索中逆反　86
4.2　隐含意义的生成手段:韵律特征触发的说话人语境隐含意义　88
　　4.2.1　语调与重音　89
　　4.2.2　特殊读法　91
　　4.2.3　语音偏离　92
　　4.2.4　音节切分　92
4.3　词汇作为语境线索触发的说话人隐含意义　93
　　4.3.1　语境中词汇语义修辞色彩变化衍生的说话人隐含意义　95
　　4.3.2　语境中新造词衍生的说话人隐含意义　98
4.4　句法手段作为语境线索衍生的说话人隐含意义　100

4.4.1　句型与其语用功能的对应与偏离　100

4.4.2　语境中句式的灵活性:以请求性言语行为为例　103

4.4.3　语境中陈述句表达的说话人隐含意义　104

4.4.4　语境中疑问句表达的说话人隐含意义　109

4.4.5　语境中祈使句表达的说话人隐含意义　120

4.5　修辞手段:语境中不同修辞手法衍生的说话人隐含意义　121

4.5.1　曲言　121

4.5.2　隐喻　123

4.5.3　反讽　129

4.5.4　双关　132

4.5.5　夸张　132

4.5.6　同义反复　134

5. 语境中说话人隐含意义生成的语用策略 ················ 138

5.1　矛盾型策略　139

5.1.1　明肯定,实否定:一致准则与隐含意义　140

5.1.2　明否定,实肯定:谦虚准则、得体准则与隐含意义　143

5.2　隐性否定策略　145

5.2.1　无肯定亦无否定,否定之意寓于语篇之中　146

5.2.2　有条件的肯定　147

5.3　对比型策略　148

5.4　感情色彩偏移型策略　151

5.5　转移型策略　152

5.5.1　刻意曲解　153

5.5.2　把问题还给对方　154

5.5.3　转移话题　154

5.6　信息量偏移策略　156

    5.6.1　给予过量信息　156
    5.6.2　给予过少信息　158
  5.7　模糊型策略　159
  5.8　引申论证型策略　160
    5.8.1　因果引申论证　161
    5.8.2　逐层递进式引申　163
  5.9　借用策略　165
    5.9.1　借用寓言　165
    5.9.2　借用实例　167
  5.10　转述和引用策略　169

6. 语境中说话人隐含意义的认知与理解 ……………………… 173
  6.1　语境中说话人隐含意义理解的心理机制　173
    6.1.1　接近性联想与说话人隐含意义　174
    6.1.2　相似性联想与说话人隐含意义　175
    6.1.3　对比联想与说话人隐含意义　177
    6.1.4　关系联想与说话人隐含意义　179
    6.1.5　结论　186
  6.2　对说话人隐含意义的误解　187
    6.2.1　交际中说话人隐含意义的误解　187
    6.2.2　制约隐含意义理解的因素　188

7. 结　语 ……………………………………………………………… 190
  7.1　本研究的结论　190
  7.2　本研究的局限性和进一步研究的可能性　193

参考文献 ……………………………………………………………… 196

图表索引

图表 1 　对蕴涵的划分 ································· 7
图表 2 　意义理论的研究回顾 ························· 35
图表 3 　Searle 的言语行为的恰当条件 ··············· 41
图表 4 　语言手段与言语行为的交互关系 ············ 45
图表 5 　1891 年 Frege 在给胡塞尔的信中用图表说明其意义和意谓的理论 ································· 66
图表 6 　相似性原则 ···································· 71
图表 7 　接近性原则 ···································· 71
图表 8 　连续性原则 ···································· 72
图表 9 　角色与背景分离原则 ························· 72
图表 10　超合性原则 ···································· 73
图表 11　何兆熊对语境要素的划分 ··················· 81
图表 12　语境线索模式 ································· 87
图表 13　Marte 对问句的划分 ························· 110
图表 14　超常搭配的偏离模式 ························ 129
图表 15　逆因式推理 ···································· 183

1

1. 引　言

1.1　问题的提出

美国语言心理学家 C·E·Osgod 认为:语言就像一座冰山。语言符号中显而易见的东西仅仅就像露出水面的冰山的十二分之一,其他十二分之十一往往是隐含的。① 语言与思维关系的研究表明:语言表意趋于隐含、迂回和间接很大程度上源于语言符号的缺陷性,②这种缺陷性表现为:语言符号的有限性、语言表达的概括性以及模糊性。为了克服语言表达与语言意义的矛盾困境,人们不得不一方面利用语言形式,另一方面又必须超越语言形式,将话语的意义隐藏和寄托在语言之外,也就是常说的言外之意,弦外之音,言有尽而意无穷等。

第二次世界大战期间,意大利军队抓获一名美国士兵。为了说服意大利人,使他们相信他是盟国德国人而释放他,这名美国士兵绞尽脑汁。但是他既不懂德语,也不懂意大利语。他希望抓获他的人也不懂德语,不正式地大声喊出他在学校里曾学过的一首德语诗歌中的一句:"Kennst

---

① 引自:卫志强(1992):91
② 作者注:语言表意的隐含性从交际层面来考察,往往是说话者意图性的话语行为。

du das Land, wo die Zitronen blühen?①"(你知道柠檬开花的地方吗?)这也是他会讲的唯一一句德语。

故事中的士兵采用了一种与语境和语用意图极不匹配的话语来迂回、间接地传达了"他是德国人"的言外之意。(当然,这样的例子不能作为严格意义上的言外之意的话语行为。)这种交际者有意或无意地有话不直说,拐弯抹角地表达自己的想法、意图和情感的行为是语言的迂回策略,是语言间接性的表现。可以说,语言的间接性为人类的语言创造了表达无限种言外之意的可能性。

在德语中,Es ist gleich acht. 在没有任何语境约束下,

可以是一种回答:对询问时间的回答;

也可以是一种警告:父亲下班回家了,要求孩子抓紧完成作业时的一种警告;

还可以是一种请求:马上是球赛了,请求对方打开电视机;

甚至可以是一种批评:时间这么晚了,还没完成某项任务。

由此可见,同一句子结构在不同的语境中可以表达完全不同的言外之意。与此相对,同一种言外之意是否可以借助不同的语言形式来实现呢?下面以请求对方打开电视机这一指令言语行为为例:

1) Es gibt gleich Nachrichten.

2) Schaltest du mal den Fernseher an?

3) Ich würde gern die Nachrichten sehen.

4) Ist der Fernseher schon an?

1)-4)句子的言外之意都是请求对方打开电视,但是上述句子中说话者并没有直接表达 Schalte den Fernseher an! 这一指令,而是曲折、间接地传达了其言外之意。因此,在某种方式和程度上它们都是一种语言隐含性的表达。

---

① 作者注:该诗句出自 Johann Wolfgang von Goethe "Wilhelm Meisters Lehrjahre"。

1. 引 言

话语的"弦外之音"和"言外之意"是说话人话语中的隐性意义,是说话人意义的一部分。意义的隐含性是人类语言的共性。任何文化中的交际在一定程度上都是隐含和间接的,只有小部分意义依赖于词语本身,而大部分意义是通过暗示、假设和听话人的补充进行传递。[1] 话语意义的隐含性现象不是偶然和零星的,它广泛存在于语言交际的各个层面、各种场景、各样文体中,是语言表达中极其活跃的现象。尽管在不同语言文化中,隐含意义的表达方式、认知推理、语境附加等诸多方面存在差异,但是它却是语言的本质属性之一。

对隐含意义的研究就是对语言意义的探究。可以说,对语言意义的研究伴随着语言整个产生与发展的历史。然而,对话语隐含意义的理论深入探究却仅仅只是近40年来语言语用学中重要课题。美国语言哲学家 J. R. Searle 认为:"语句或语词具有作为语言组成部分的意义。语句的意义是由语词的意义和语词在语句中的句法排列来决定的。但是,说话人在说出这个语句时所意味的东西,在某种程度内,完全是属于他的意图(意向—引者)问题……说话人的话语意义对于我们分析语言功能的目的来说是首要的意义概念。[2]"由此可见,说话人主观、个体意义应该成为语言意义研究的核心问题。这是因为话语的理解永远是言语交际的根本任务,而言语交际的关键是理解与辨识说话人的意图和情感。从这个意义上讲,语言理解的任务不只是解释句子的常规意义,更为重要的是辨识说话人话语的隐含意义,即说话者话语所传递的隐含性语用意图和情感评价。深入考察话语的隐含意义对于话语理解以及语言语用本质的挖掘意义巨大。因此,本文将以德语语境中说话人话语的隐含意义作为研究对象。

---

[1] vgl. Tannen (1984):53
[2] Searle(2001):134

1.2 语境中说话人话语隐含意义的界定

在德语中,隐含意义是个错综复杂的概念。它与很多概念体系既相互交织又存在一定的矛盾。下文尝试来一一梳理。

1.2.1 语境中说话人话语隐含意义的一般性认知

在德语中,隐含意义常常被理解为以下一种或几种概念的结合:

1)隐含意义是一种 Unterton;

Unterton:etw., das beim Reden mitklingt und dem Hörer die tieferen Gefühle des Sprechers andeutet. ①

概念要点:①在话语中伴随;②向受话者暗示的部分;③说话人的深切感受。

2)隐含意义是一种 Beiklang;

Beiklang:etw., das bei einer Äußerung o. ä. mitschwingt oder zu erkennen ist. ②

概念要点:①在表达中伴随;②可以被辨识。

3)隐含意义是一种 Hintersinn;

Hintersinn:eine verborgene zusätzliche Bedeutung. ③

概念要点:①隐藏的意义;②附加的意义。

因此,结合以上几个角度,可以得出,隐含意义应该具备以下一般特性:

1)隐蔽性:隐藏于字面意义之外;

---

① www. duden. de/Unterton.
② www. duden. de/Beiklang.
③ www. duden. de/Hintersinn.

2) 伴随性:伴随于语句的字面表达之中;

3) 暗示性:暗示着说话人的意图和情感;

4) 依附性:依附于特定的语境。

1.2.2 语境中说话人话语隐含意义界定的第一个层面:蕴涵(Implikatur)

1.2.2.1 蕴涵的界定

在现有的研究体系中,一般认为,隐含意义对应的德语表达是 Implikatur(借用英语中的 implicature)。Implikatur 在德语中的常规性解释是:etw, was in etwas anderes einbezogen ist.① 其概念要点是包含、蕴含。因此,常常将其译为:蕴涵。

Implikatur 是语言哲学和语用学领域的概念。语言学辞典将其界定为:说话人表达的句子 S 中所隐藏的内容。如果人们能从说话人所说的话中推导出命题 P,那么说话人就隐含了 P。② 从这个角度来看,蕴涵是一种语义包含关系。

美国语言学家 Paul Grice 在 20 世纪六七十年代从语用学角度深入研究了"蕴涵"这一概念体系。他认为:句子的意义可以划分为字面意义和蕴涵意义。话语字面意义和蕴涵意义差异在于:字面意义是通过句子内部组成成分之间的关系、特定的句序以及一定的句法功能特征而产生的意义。字面意义在语境中会变得丰富而多元化,从而衍生出蕴涵意义。句子的字面意义是其表达的命题意义,涉及句子的真值;而蕴涵则不涉及真值。③

德国语言学家 Frank Liedtke 认为:

Implikatur: etwas Sprecher andeuten, zu verstehen geben oder zwischen

---

① www.dwds.de/Implikatur.

② 语言学辞典(2005):219

③ vgl. Grice(1979):53

den Zeilen sagen.①

Liedtke 的界定强调了蕴涵是说话人暗示的、需要受话人付出认知努力且隐藏于字面意义之外的话语含义。

综合上面三种界定,可以得出:蕴涵考察的是语言交际中话语的意义,这种意义在交际中并没有被话语者直接说出,而是隐含在语言表达内部。因此,蕴涵(Implikatur)是说话人的隐含意义,而蕴涵的过程就是将句子的语义内容转换成话语的表达意义的过程(Transformation von semantischen Gehalt eines Satzes zu seiner Äußerungsbedeutung②)。

1.2.2.2 对蕴涵的分类:Semantische Implikatur & pragmatische Implikatur

从广义角度上,蕴涵可以分为语义蕴涵(semantische Implikatur)和语用蕴涵(pragmatische Implikatur)。语义蕴涵是指脱离语境可以从句子本身的逻辑语义关系推导出的命题内容。③

例1:④

Er ist Dozent. 蕴涵了:Er ist Intellektueller. 也就是说他是讲师蕴涵了他是知识分子的命题。

语用蕴涵是指话语隐含性的意义不是源于句子,而是源于表达以及与之共生且动态变化的语境。因此,语用蕴涵的生成不仅仅需要依托句子意义,而且还会涉及语境以及交际参与者的共有知识体系等因素,是一种语境凸显下的话语意义。

例2:⑤

A:Wie geht es Paul in seinem neuen Job?

B:Oh, ganz gut, nehme ich an. Bislang ist er noch nicht ins Gefängnis

---

① Rolf(1997a):16
② Rolf(1997a):23
③ 黄华新(2000):112
④ Rolf(1994):229
⑤ http://tuprints.ulb.tu-darmstadt.de/331/1/DissHandl.pdf.

gekommen.

B 的话语字面意义表达了 Paul 还没进监狱,这句话可能蕴涵着:

1) Paul ist ein Typ, der wahrscheinlich den Verlockungen in seinem Job schlecht widerstehen kann.

2) Paul ist ein Typ, dass seine Kollegen heimtückische Leute sind。那么这些隐含的推断就需要借助不同的语境来认知和识解。

konventionale Implikatur & konversationale Implikatur

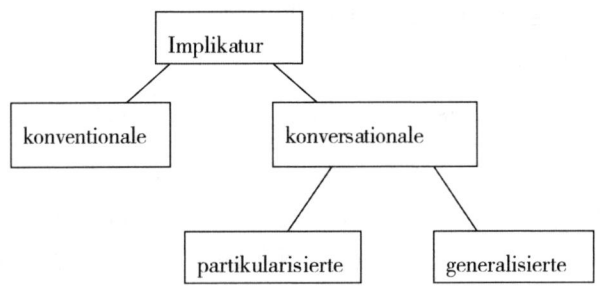

图表 1　对蕴涵的划分

Grice 认为:蕴涵是个复杂的概念体系。他将蕴涵划分为会话蕴涵(konversationelle Implikatur)和规约性蕴涵(konventionelle Implikatur)。他指出:规约性蕴涵源于词汇自身的规约意义和句子的语法结构。①Kemmerling 也曾指出:

Konventionale Implikatur, rühren von der wörtlichen Bedeutung des geäuβerten Satzes her, gehören aber nicht zu dem, was mit der Äuβerung gesagt wird. "②

也就是说,规约性蕴涵是指话语的蕴涵意义是由所使用词汇的规约性意义决定的。可以说规约性蕴涵源于所表达句子中词汇意义,但是却并不属于话语表达直接呈现的内容。

---

① vgl. Grice(1981):147 – 154
② Kemmerling(1991):324

因此,规约性蕴涵属于语义蕴涵,是特定词汇表达与生俱来的蕴涵意义。

例3:①

Carte kehrt(nicht)an die Macht zurück.

这句话在规约意义上隐含着:

Carte war vorher an der Macht gewesen. 其规约意义的衍生源于 zurückkehren 一词的语义。

例4:②

Hans hat es geschafft, die Tür zu öffnen.

这句话在规约意义上隐含着:

Hans hat versucht, die Tür zu öffnen. 以及 Hans hat sich darum bemüht, die Tür zu öffnen.

同样,句子的规约蕴涵意义也是源于词汇 schaffen 的语义特征。

由词汇特定的语义内涵导致的规约性蕴涵是不可消除的。也就是说,说话人如果自己不提出异议或不进行自我纠正,就无法否认这一规约性蕴涵的存在。但是规约蕴涵是可以替代的,即可以用某些改写形式说明同样的事实。

会话蕴涵(konversationelle Implikatur)也可以称为会话含义,它建立在 Grice 的合作原则基础之上。合作原则就是在交际中每个话语者需要遵守的原则。合作原则包含四大准则(质准则、量准则、关系准则、方式准则)。会话蕴涵的产生源于对合作原则中的各个准则的遵守或是违背。(具体情况下文将进一步深入探讨。)如:

例5:③

A:Mein Auto ist leer.

B:Gleich um die Ecke ist eine Tankstelle.

---

① Rolf(1994):122
② Rolf(1994):122
③ http://de.wikipedia.org/wiki/Implikatur.

A 的话语显然不是一种简单的陈述和告知,而是一种询问(或者可以理解为请求),因此其蕴含了 Wo kann man tanken? B 遵循了合作原则中的关系准则:车没有油了意味着需要加油,因此将话语理解为询问加油的地方。B 通过会话蕴涵的填补,理解了 A 的言外之意。由此可见,会话蕴涵是一种命题,这种命题可以借助某一表达涉及的合作原则和会话准则推断得出。因此,会话蕴涵不是语义蕴涵,而是语用蕴涵。

Levinson 认为:会话含义还可以进一步划分为一般性的会话蕴涵(generalisierte konversationelle Implikatur)和特殊性的会话蕴含(partikularisierte Implikatur)。Levinson 认为:一般会话蕴涵(generalisierte konversationelle Implikatur)是对于话语设定意义的优先解读。这种设定意义由话语结构承载,由语言结构既定,而不受话语所处的言外环境因素制约。①

为此,Rolf 指出:

Generalisierte konversationale Implikaturen sind Implikaturen, die normalerweise einfach damit einhergehen, dass jemand das – und – das sagt. Das heiβt, solche Implikaturen sind relativ kontextunabhängig, sie kommen ohne einen bestimmten Kontext oder ein besonderes Szenario. ②

因此,一般会话蕴涵意义与话语表达的自身特性有关,即特定表达所具有的内在含义,语境并不发挥太大的作用,处于从属地位。因此,它也是一种表达蕴涵(Äuβerungs – Implikatur)。

再看下面两组对话:

例 6:③

A:Wo ist Eva?

B:Einige Gäste sind schon gegangen. 一般会话蕴涵:Nicht alle Gäste sind gegeangen.

---

① Levinson(2000):11,引自:刘森林(2007):80
② Rolf(1994):133
③ Rolf(1994):138

A: Wie spät ist es?

B: Einige Gäste sind schon gegangen. 一般会话蕴涵: Nicht alle Gäste sind gegangen.

这两组对话的语境和语用意图是完全不同的,一个是对 Eva 的位置询问,而另一个是对时间的询问。由于一般会话蕴涵与语境无关,因此这两个语境中包含的一般会话蕴涵都可以是 Nicht alle Gäste sind gegangen。

Levinson 对蕴涵的进一步划分突破了由 Grice 创立的意义二维体系,即句子意义和语用意义。他认为句子意义的二维体系忽略了语用推理的规律性与复现性。为此,他创立意义的三维框架①:

1) 句子意义(sentence – meaning)
2) 话语实例意义(sentence – token – meaning)
3) 话语类型意义(utterance – type – meaning)

其中的话语类型意义考察的就是一般会话含义。一般会话含义不是对话语意图的探究,而是对一般性语义蕴涵关系的规律性理解。

特殊会话蕴涵不是借助语言手段产生,而是通过一定的语境生成。在这个意义上,会话含义是通过蕴涵赋予话语字面意义之外的语境含义。换而言之,特殊会话蕴涵具有高度的语境依附性,表达的蕴涵意义在语境中衍生和凸显。不存在特定表达与生俱来的规约意义。蕴涵意义的推理和理解需要依靠语篇语境和交际双方的交互认知。

例 7:②

Herr Maier beherrscht seine Muttersprache und hat meine Lehrveranstaltungen regelmäβig besucht.

假如这个句子的语境是一位教授为某位想谋职的大学毕业生写的鉴定的话,那么这句话的会话蕴涵是:迈尔先生除此之外再没有其他长处,因而他并不适合该职位。

---

① Levinson (1990):63
② 语言学辞典(2005):220

特殊会话蕴涵是语言交际中十分常见且值得研究的语言现象,是一种狭义上的会话蕴涵。其生成和理解需要依托特殊语境,是一种高度依赖语境的蕴涵意义。

通过上述研究,我们可以得出以下结论:

1) 语义蕴涵是一种表达蕴涵(Äuβerungs – Implikatur);

2) 语用蕴涵是一种语境蕴涵(Situations – Implikatur);

3) 规约性蕴涵是一种语义蕴涵(semantische Implikatur);

4) 特殊会话蕴涵是语用蕴涵和语境蕴涵(pragmatische Implikatur, Situations – Implikatur)。

1.2.2.3 小结

通过前面的论述,可以对蕴涵的一般属性做出如下总结:

1) 话语的蕴涵意义具有隐藏性、间接性。

2) 蕴涵意义往往需要借助不同推导模式(包括:语义逻辑推导、语境关联推导等)生成和理解。①

需要指出的是,尽管蕴涵意义是说话者意图性或非意图性而产生的隐含意义,然而,鉴于本文的研究范围是语境中说话人的隐含意义,因此,隐含意义在本文中是一种 Sprechers – Implikatur, Situations – Implikatur. 而蕴涵是个包罗宽广的体系,它不仅包含 Sprechers – Implikatur, Situations – Implikatur,同时也包括 Äuβerungs – Implikatur。特别是蕴涵意义中的语义蕴涵强调的是话语自身含有的语义内容。如:Die Sonne scheint. 其蕴涵意义是:Es existiert ein singuläres Objekt, das als ‚Sonne' bekannt ist. 这种蕴涵意义在不同的语境中是没有变化的。从这个意义上来说,语境中说话人隐含意义的概念体系应该只是对应蕴涵中的特殊会话蕴涵和语用蕴涵。

因此,语境中说话人隐含意义界定的第一个层面为:特殊会话蕴涵。

---

① 作者注:蕴涵中的规约性蕴涵是不需要借助推导得出的,其意义源于词的规约性。

1.2.3　语境中说话人话语隐含意义界定的第二个层面：预设

Polenz 将话语的意义划分为三个层面，Bedeutetem, Gemeintem, implizierte Meinung。其中的 implizierte Meinung 是指：

etwas Mitbedeutetes, Mitgemeintes und Mitzuverstehendes. ①

这里就涉及预设（Präsupposition）的范畴。

Präsupposition: nicht geäußerte, aber selbstverständlich vorausgesetzte, mitgemeinte Nebenprädikationen. ②

由此可见，预设是词语和语言表达所包含的不言而喻的（隐含）的语义前提。③ 简单的可将预设分为：语义预设和语用预设。

1.2.3.1　语义预设

语义预设是在逻辑真值理论背景下，把预设看作是真实和虚假命题之间的关系，且认为预设是句子内部与一定词语和结构有关的基本语义关系，④体现的是命题之间的语义关系。语义预设依托单纯的语义表层和命题的逻辑关系分析得出，不牵涉语境因素。如：

例8：⑤

Mein Bruder war in Deutschland.

  预设：Ich habe einen Bruder.

Kuno ist Gebrauchtwagenhändler, aber er ist ein ehrlicher Mensch.

  预设：Es besteht ein Kontrast zwischen Kunos Beruf und seinem Charakter.

Kuno ist ein ehrlicher Mensch, aber er ist Gebrauchtwagenhändler.

  预设：Es besteht ein Kontrast zwischen Kunos Charakter und seinem

---

① Polenz (1985):308
② Kohvakka (1997):33
③ 语言学辞典(2005):420
④ 王跃平(2007):16
⑤ Rolf(1997 b):51

Beruf.

Ingo stürzte aus dem Bett und knipste das Licht an.

预设:Die Reihenfolge der Ereignisse in der Welt entspricht derjenigen im Satz.

Das Sofa kostet nur 800 Euro.

预设:Normalerweise kostet ein Sofa mehr als 800 Euro.

Auf Wiedersehen.

预设:Der Sprecher erweist dem Adressaten Respekt.

Karttunen/Peters 认为:大部分语义预设(Präsupposition)都可以被理解为规约性蕴涵。①

例9:②

a. Sie ist arm,aber hübsch.

这句话在规约意义上隐含着:Wenn man arm ist,dann ist es normalerweise nicht hübsch. 也就是说:从逻辑语义角度预设了:穷人是不会漂亮的。句子的预设意义来源于 aber 的转折。且不论这样的论断合理与否,但是在说话人的话语中,隐含了这样的认知理解和预设语义。

b. Sogar Schröder bereut die Reformen.

这句话在规约意义上隐含着:Es ist überraschend, dass Schröder die Reformen bereut. 其预设意义源于 sogar 一词。因此,sogar 和上面例句中的 aber 常常被称为预设触发语,在德语中将其视为预设标记语(Indikator der Präsupposition)。

c. Er ist Kaufmann,deshalb hat er Geschmack.

这句话的语义蕴含了一种逻辑的因果关系(logische Folgerung):因为他是商人,所以他很有品位,即:商人就意味着是有品位的人。这种逻辑

---

① 语言学辞典(2005):220
② http://www.christianlehmann.eu/ling/lg_system/sem/index.html? http://www.christianlehmann.eu/ling/lg_system/sem/praesupposition.html

的蕴含关系源于 deshalb 的语义特点。

1.2.3.2 语用预设

语用预设也可以称为语用前提,是在语用学背景下,把预设看作是言者与听者共同具有的、使交际顺利进行的背景知识。[1] Polenz 指出:

Um Mitbedeutetes, Mitgemeintes, Mitzuverstehendes zu verstehen […] Wissen über die Kommunikationspartner, den Kontext, die Situation und die Welt. [2]

由此可见,语用预设的理解需要依托交际双方的语境背景。

例 10:[3]

Friedrich: Wann lädst du mich zum Essen ein?

Jan: Am 30. Februar.

Jan 答语的语用预设在于:她认为,根据常识,Friedrich 应知道,二月没有 30 号。因此,Jan 是以一种意图性说错话来达到间接拒绝的话语策略。

1.2.3.3 小结

鉴于语义预设与语义蕴涵,语用预设与特殊会话蕴涵存在很多的相似性,且均与隐含意义存在很大的交织性,这里有必要进一步厘清它们之间的关系。

语义预设与语义蕴涵:

1)一致性:

a. 可推导性。无论是语义预设还是语义蕴涵都可以不依赖语境推导。

---

[1] 何自然,陈新仁(2004):141
[2] Polenz (1985):309
[3] Rolf(1994):235

如:例11:Carte kehrt an die Macht zurück.① 该句的语义预设是:Es gibt eine Frau,die Carte heißt. 而其语义蕴涵则为:Carte war vorher an der Macht gewesen.

b. 不可取消性。句子形式一旦形成,二者都无法去除,不会随着语境变化而改变。

c. 不可追加性。如果在原句的基础上追加该句的语义预设内容或是语义蕴涵内容都会导致意义的重复和信息的冗余。

2) 差异性

a. 概念体系的差异。

语义预设是说话人对所说话语中预先假想而成立的命题,是句子成立的条件。而蕴涵是句子成真的条件。②

b. 推导依据的差异。

语义预设的推导主要依据:词语的语义特征与结构,句型的语义特点。

例12:③Sogar Gerd liebt Hannelore.

语义预设:a. Außer Gerd lieben noch andere Leute Hannelore.

b. Gerd ist von allen Leuten der Letzte, der Hannelore lieben würde.

c. Mir wurde gerade klar,dass sogar Gerd Hannelore liebt.

语义蕴涵的推导主要依据:词语的上下位,整体与局部的关系等等。

例13:④Er war in Leipzig.

语义蕴涵:Er war in Deutschland. 这种蕴涵关系依据的正是 Leipzig 与 Deutschland 的上下义关系。

---

① Rolf (1994):122
② 王跃平(2007):35
③ http://www.christianlehmann.eu/ling/lg_system/sem/index.html? http://www.christianlehmann.eu/ling/lg_system/sem/praesupposition.html
④ http://de.wikipedia.org/wiki/Implikatur.

因此,语义预设是语句中的某个部分表达的意义,是保证语句有效性的条件;而语义蕴涵是语句整体表达的意义,是保证语句可以理解的条件。①

语用预设与特殊会话蕴涵:

1)一致性,二者的一致性主要表现在语境依附性,二者的认知和推导均需依赖语境。

2)差异性:

a. 推导依据不同

特殊会话蕴涵借助合作原则以及会话准则进行推导;而语用预设则借助双方共知的背景信息推出。

b. 语义追加不同

特殊会话蕴涵可以通过话语追加,使隐含的意义呈现出来。而语用预设是不可追加的,否则就会造成语义的重复。

c. 本质不同

特殊会话蕴涵传递的是一种说话人的思想感情和话语意图。而语用预设是发话人对他的话语语境和受话人的认知语境的一种假定,是实施发话人言语行为所必须满足的适切条件。② 如:

例14:③

Frau:wo ist mein Fisch?

Mann:Die Katze war gerade in der Küche.

在这段丈夫与妻子的对话中,丈夫答语的语用预设是:妻子知道猫爱吃鱼。这一预设是丈夫对妻子认知语境的一种假设。这段对话的特殊会话蕴涵在于:猫把鱼吃掉了。

---

① 姚丽娟(2011):108 – 109
② 王跃平(2010):54
③ Rolf(1994):128

因此，预设是说话人假定交际双方都接受的共同背景信息，属于话语的背景意义、附带信息；而蕴涵是话语断言部分表达的意义，是句子的基本信息。①

构建预设的过程，是话语者在生成言语作品的过程中依据自己的交际目的、交际意图，对受话人的认知语境进行推断的过程。② 从发话人表达的视角看，语用预设与特殊会话蕴涵都属于话语者意图性的隐含意义，都需要依赖一定的语用规则从话语分析中推导出来。二者之间具有手段与目的的关系；从受话人理解的视角看，二者的关系本质是认知语境与认知目标的关系。③

综上所述，语用预设属于语境中说话人的隐含意义，因此，可以作为本文对隐含意义界定的第二个层面。

1.2.4　语境中说话人话语隐含意义界定的第三个层面：言外之意

正如上文所述，隐含意义往往被理解为一种言外之意。言外之意就是言在此而意在彼的话语行为。直观来看，言外之意的"言"是语言形式和内容的结合体，其中形式即语言符号，是由音节或字符按一定的语言规则组合而成的句子；而内容指依据句子自身句法结构成分得出的意义，是语句本身的词汇成分和结构关系直接传递出来的意义，是一种言内意和字面意义，是话语的语义学意义。

"意"就是意义。通过上文的例句，可以发现，这里涉及的意义不是一般层面上的句子意义或者说字面意义，而是表达话语意图的意义。言语行为理论认为：话语是一种行为，是蕴含说话人意图的言语行为。因此，话语的言外之意就是言语行为的意向性，即一定语言形式所隐含的话语意向性。从交际理论角度来看，意向性就是语言交际的交际意图。从

---

① 姚丽娟(2011)：109
② 王跃平(2010)：55
③ 王跃平(2010)：56

这个意义上来讲,言外之意的本质就是语言交际的意图、意向性,即 Sprechers – Intention。

意向性(Intentionalität)是人类一般行为和言语行为的共同特征。借助语言的间接性可以隐藏、掩饰交际者的意向性。而这种掩饰了的意向性(言外之意)迫使受话人必须付出一定的认知努力,才能获得话语者真正的交际意向。因此,可以说,言外之意是话语间接的意义以及隐含的意义,是话语的语用学意义。言内之意和言外之意构成了话语意义,即说话人的意义。

通过上述对言外之意的一般性考察可以得出:

1)言外之意是一种隐含性的意义 implizite Bedeutung;

2)言外之意是话语的交际意图 Sprechers – Intention。

因此,我们认为:隐含意义的第三个层面是言外之意,即:说话人话语的意图。

1.2.5 语境中说话人话语隐含意义界定的第四个层面:所说与所意味的不一致产生的话语意义

在国外,学者们对隐含意义界定中较有代表性的有以下三种:

Geoffrey Leech 认为:the communicative value an expression has by virtue of what it refers to, over and above its purely conceptual content.[①] 利奇的界定强调超越:话语的交际价值(交际意义)超越其字面意义。

Thomas 则认为:明示的意义和话语的含义出现不匹配时就出现了语言间接性,[②]从而产生隐含意义。其界定的核心是不匹配。这里的不匹配是指:在语言交际中,某一表达直接所说的(what is said)与其所要意味的(what is meant)不一致现象。

德国语言学家 Eckard Rolf 曾指出:

---

① Leech (1974):12

② Thomas(1986),引自:何兆熊(1987):9

<<< 1. 引 言

Das, was gesagt wird, und das, was damit gemeint oder (wie man auch sagen könnte) zu verstehen gegeben werden soll, die wörtliche Bedeutung einer Äußerung und das, was impliziert wird, beides kann zwar zusammenfallen, es kann aber auch – in unterschiedlicher Weise – auseinander driften: Was zu verstehen gegeben werden soll, kann das Gesagte übersteigen. ①

所说多于所述,从而衍生出话语的隐含意义。因此,有必要区分出话语的所说和所意味这两个层次(Differenzierung zwischen Gemeintem und Gesagtem)。即:话语在语义学和语用学的差异。这种差异正是话语隐含意义的根源。

隐含意义体现的是一种超越语言形式本身的意义的隐含性。Franc Wagner 认为:

Eine Äußerung wird etwa dann als „implizit" bezeichnet, wenn beim Lesen oder Hören der Eindruck entsteht, dass es ihr an Explizitheit mangelt. Das bedeutet nicht, dass etwas verschwiegen wird. Vielmehr wird „mehr gemeint, als gesagt wird ", resp. Es wird etwas andeutet, was nicht offen ausgesprochen. ②

他强调:当话语所意味的内容高于或多于所说内容的情况下,就会产生话语的隐含性意义。因此,他指出:语言的隐含性(Implizitheit der Sprache)就如同:

wie mittels Sprache etwas ausgedrückt wird, was nicht zur Sprache kommt. Wie mittels lexikalischer Elemente nicht – lexikalische Bedeutung vermittelt werden kann. ③

综上所述,可以认为隐含意义是话语高于或多于字面意义的话语意义,即:Mit – etwas – Gemeinte – Bedeutung。

---

① Rolf (1994):110
② Wagner (2001):45
③ 同上

19

1.2.6 语境中说话人话语隐含意义界定的第五个层面：语言间接性

对隐含意义的界定，不能忽视另一个并存且相关的概念体系：语言间接性(Indirektheit der Sprache)。语言间接性是人们未在句法上或词汇上直截了当地表明说话的意图，而采取一种转弯抹角的方式表达出他们的潜在意图。① 因此，可以说，语言的间接性是指含有掩饰甚至是欺骗性意图的语言表达；是一种用作掩饰交际意图甚至是欺骗受话者的话语方式。欺骗(Täuschung)意味着话语者通过掩饰性的手段使其真正的交际意图不暴露，因此，可以说，欺骗和掩饰是相互交织的语言现象。通过话语欺骗交际对象的过程就是掩饰其交际意图的过程。然而，语言的间接性却并不一定是所谓的欺人之谈。

由此可见，语言间接性是一种话语方式，即将话语的意图隐藏于字面意义之外的话语方式。隐含意义探讨的正是字面意义之外的话语意义。话语者出于某种外在或内在的要求或压力不想或无法直说，为了表达其交际意图，选择间接的方式，将其交际意向隐藏于句子字面意义之外，结合语境，使话语产生隐含意义。从这个意义上说，语言的间接性与隐含意义之间的关系可以说是方式与结果的关系。

纵观语言意义近现代的研究，学者们对隐含意义的考察常常借助语言间接性的研究路径。即通过考察语言间接性来界定由其产生的隐含意义。而在他们的研究中常常会讨论下面这个经典例句：Es zieht. (It's cold here.)。德国学者 Utz Maas / Dieter Wunderlich 也是通过经典的关窗场景来研究语言间接性产生的隐含意义。

例 15：②

　　a. Monika, mach das Fenster zu !

　　b. Monika, machst du mal das Fenster zu?

---

① 何兆熊(1984)：9–10
② Mass/Wunderlich (1972)：21

c. Monika,kannst du mal das Fenster zumachen?

d. Monika,es zieht!

不难看出,以上例句表达了相同的交际功能,即请求对方关窗。Maas/Wunderlich 认为:除了第一句,其他都是间接的。原因在于,只有第一句话语的字面意义与其施为功能(话语的以言行事功能)是一致的。因此,他们提出,如果话语的字面意义与其施为功能不一致,那么这种表达就是间接的,就会产生隐含意义。① 或者可以这样来理解:请求对方关窗是一种指令性话语行为,其语言结构原型是命令式。而上述例句除了第一句均没有使用命令式。因此,从这个层面来看,隐含意义是当语言结构与其交际功能不一致而产生的意义。如:命令式不一定永远只表达指令;而疑问句也不仅仅是用来提问的;使用将来时也不一定是对未来的一种预测或预示。

因此,从这个角度来看,语境中说话人的隐含意义就是语言结构与交际功能出现偏离而产生的意义。

1.2.7 语境中说话人隐含意义的第六个层面:说话人的评价意义

Leech 将符号的语义划分为七类:概念义、联想义、社会义、情感义、反映义、搭配义、主题义。② 其中的情感意义强调话语者的情感取向对语言意义的附加作用。符号学认为:语言符号不仅具备理性意义,同时还具有情感意义。理性意义是符号解释项中认知主体在判断、推理等活动的基础上获得的那部分内容。③ 而符号的情感意义是指语言符号在认知主体的心理上激起的不同的情感体验,如:喜欢、悲伤、愤怒、同情、反感、褒扬、批判等等。功能语言学将话语的情感和态度意义称之为评价意义,它体现的是话语者对事态的立场、观点和态度。通过评价,话语者使自己非

---

① vgl. Maas/Wunderlich(1972):123

② vgl. Leech(1974):66

③ 黄华新,陈宗明(2004):154

话语的弦外之音　>>>

显性地进入并参与到某一情景语境中,表达他的态度、情感和推断,并试图影响他人的态度和行为。由此可见,评价是说话人意义的一部分,是说话人意义中的态度和情感部分。评价是一种意图性的言语行为。

评价分为显性评价和隐形评价。显性评价主要依靠词汇本身的评价意义来实现。即词汇本身蕴含的说写者对所描述事物的积极的、消极的、正面的、负面的、讽刺性、隐喻性的态度性意义。如:常常以褒义的、积极的词汇来表达说写者对话语内容的肯定。而以贬义的、消极的词汇来表示话语者对此的否定甚至批判。

Lexikalisch hochwertend[①]

vorzüglich, grandios, brillant, Brillanz, exzellent, hervorrangend, Wunder, herrlich, wunderbar, wundervoll, großartig, groß, Großes, glänzend, glänzen, Glanzstück, famos, furios, vollendet, vollkommen, makellos, perfekt, trefflich, stark, toll, Klasse, köstlich, kostbar, Kleinnod, unübertroffen, Höhepunkt, hochbegabt, hochentwickelt...

lexikalisch(gemäßigt)positiv wertend[②]

tadellos, niveauvoll, (von) Rang, anspruchsvoll, zählen, wichtig, reizvoll, Reiz, gehoben, gut, Qualität, gepflegt, richtig, stimmen, auszeichnen, Vorzug, Vorteil, Mehrwert, Ereignis, Entdeckung, nützlich...

lexikalisch(gemäßigt)negativ wertend[③]

belanglos, Marginalie, unbedeutend, unscheinbar, unblendend, unfroh, ungut,

---

[①] http://opus.bibliothek.uni-wuerzburg.de//volltexte/2004/921/html/TEIL_2_02._Lexikalisch_wertende_Ausdrecke.htm

[②] 同上

[③] 同上

zweite Klasse,unnütz,unnötig,ohne Funktion,bedenklich,
gibt zu denken,zweifelhaft,verhängisvoll,unselig,billig,schwach,
schwächlich,schlecht,Quark…

除了上述显性的态度标记,在言语交际中,话语者常常将自己的态度"包裹"起来,形成看似相对中性和客观的表述,即采用隐性、间接的手段来表达自己的态度和情感。这种评价被称之为隐性评价。

隐性评价就是通过使用中性但在语境中可以生成评价意义的词汇、结构和句式来表达话语者态度的方式。隐性评价的手段极其丰富,可以是词汇,也可以是句式与修辞手段,或者是语篇手段等等。但是无论是何种手段,都主要依靠语境的衍生。隐性评价属于"语义变化受限小,态度意义不饱和的表达。[1]"因此,隐性评价意义属于说话者在语境中隐含意义。

理解话语的隐性评价意义是深入理解话语意义的重要的一面,态度与情感等说话人的主观意义往往可以深刻标记话语的意义与意图。Meggle 认为:言语交际是一种行为,是一种意向性的行为,即含有特定目的的行为。言语行为包含三个基础要素:Tun,Glauben,Wollen. 它们三者的关系可以解释为:话语者在某一特定语境中说出或写出某一言语行为(Tun),且话语者相信受话者可以理解其行为(Glauben),并打算以此言语行为来实现其话语目的(Wollen)。对受话者而言,理解上述言语行为,则涉及两个方面:一是理解说话人的主观意义(subjektiver Sinn);二是辨识话语者的话语意图(Intention);后者是以前者为基础和起点。[2] 其中的主观意义就包含说话人的态度与情感意义。

从言语行为角度来看,Wunderlich 认为:借助言语行为可以推测话语参与者的态度和评价:如:优先权、能力、认知或情感状态等等。这些态度和评价共同标记出特定种类的表达语境中复杂的前提结构和意义结构,

---

[1] White(2006):39,引自:王天华(2012):105
[2] vgl. Meggle (1979):55

如询问语境、要求语境。这里的态度不是言语行为的界定标准,而是言语行为特定的语用特点。①

因此,辨识说话人的话语意图需要以理解说话人的态度和情感为起点和依据。所以,我们认为语境中话语的隐性评价意义属于说话人隐含意义。

1.2.8 小　结

综合前文的分析与研究,可以得出,语境中说话人话语的隐含意义的认知与界定包含以下三个方面:

1) 首先,从话语意义层面来看,语境中隐含意义是说话人话语的意义。这种意义可以分为三个维度:

a. 话语人话语的意图(Sprechers – Intention)。话语的意图是一定语言形式在结合语境各要素后衍生出的话语所要传达的语用意图。

b. 说话人话语的语境蕴含意义。是话语在特定语境中的语义包含关系。它是说话人意义的一部分。从这个意义上来讲,可以将隐含意义理解为 Sprechers – Implikatur, Situations – Implikatur。

c. 说话人的情感与评价意义(emotionale und bewertende Bedeutung eines Sprechers in der Situation),说话人话语中含有自身隐含性的评价和情感体验。即说话人的态度与情感。从这个角度来考察,隐含意义又可以理解为:emotionale Implikatur, bewertende Implikatur。

因此,结合以上三个层面可以得出,隐含意义就是存在于话语的概念意义、命题意义之外,但又确实为语言单位的音和义所承载的隐性意义,说话者通过该语言单位传递给听话者的各种间接信息,如言语意图、说话者的情感和态度等,听话者不可能由字面意义的直接整合而获得,必须结合语境进行语用推理才能获得。②

---

① vgl. Wunderlich (1974):43
② 周之畅(2007):14

2)其次,从认知角度来看:语境中说话人话语隐含意义的生成与理解是一种以语境为依托、创设关联的推导认知的思维过程。隐含意义是在语境中溢于言外的意义,是超越话语表面意义的意义,其语言形式和语义之间都有不同程度的离异,话语意义显现在特定的语境中。换言之,隐含意义是语言表层形式与语境相结合的产物。① 受话者需要借助不同的认知推理才能获得发话人言语交际时真正的话语意图和交际目的。

3)最后,从语言语用角度来考察:语境中说话人隐含意义的生成也是一种形式经济、意涉丰富、一语多用的话语策略。② 隐含意义就是用少量的语言传递更多的信息或者以表示某种意义的语言形式去曲折地表示另一种意义的话语方式与策略。③

1.3 语境中说话人话语隐含意义的属性

上文在梳理隐含意义的概念体系中,已经对其一般属性做出了简单的归纳,这里将进一步深入考察其属性特征。

1)语言的形式与功能的不一致。

正如上文所述,语言形式与其交际功能并非一一对应。当形式与功能的关联出现不一致时,语言的使用就是间接的,就会产生隐含意义。下面这些句子看似表达"询问""陈述",但是很快可以推断出其言外之意是建议和拒绝。

---

① 袁梅(2004):137
② 袁梅(2004):139
③ 张炼强(1992):108

例16:①

A:Wollen wir einen Kaffee trinken?

B:Ich muss jetzt zur Vorlesung.

A:以问句形式间接表达了建议。

B:以陈述形式间接表达拒绝。

2)字面意义和隐含意义的不一致。

字面意义和隐含意义的关系可以简单地理解为意义与意图的关系。借助Sökeland对语言结构与施为功能关系的研究,可以得出:话语的字面意义和隐含意义之间没有固定的联系。它们之间常常呈现出非约定俗成性、非习惯性、非程式化特点。②

例17:③

Herzlichen Dank,dass du mir so in den Rücken gefallen bist! 看起来似乎是表达谢意,实际上却是抱怨。

Ich verzichte darauf,hier an seine Unzuverlässigkeit zu erinnern. 似乎是宣布放弃,然而实际表达的是唤起回忆的言语行为。

Ich brauch'mal eben die Papierschere. 似乎是告知,但却表达了请求。

在上述三个例子中字面意义与其隐含意义都出现了不同程度的偏离。Sökeland认为:话语的字面意义与其施为功能④的不一致关系可以表现为以下三种类型⑤:

a. 对立性

话语中字面意义与其隐含意义表现为对立性。如:

---

① Rolf(1994):130
② 王德春,孙汝建,姚远(1995):74
③ Sökeland (1980):29
④ 作者注:这里的施为功能即话语的以言行事功能,从本质上来说也就是话语的意图,因此,可以理解为言外之意。
⑤ vgl. Sökeland(1980):30–33

例 18：①

以承诺掩饰了威胁的隐含意义。从言语行为角度来看：以承诺言语行为掩盖了威胁言语行为。

Die Flausen werde ich dir noch austreiben, das verspreche ich dir.

以表扬来表批评：

Du hast gut gemacht!（在特定的语境中，表反语。）

b. 不可兼容性

字面意义与隐含意义的不可兼容性表现为：二者无法并存。选择其一就意味着否定另一个。

例 19：②

Wann hast du eigentlich zum letzten Mal abgewaschen?

这句话是提出问题还是申述抱怨，说话者就需要在这两种意义中做出选择。因为抱怨只能对已知的事实，而不是未知的疑问。也就是说，选择了话语的隐含意义，就拒绝了其字面意义。话语的两种意义在这里表现为是不相容的。

c. 差异性

两种意义的第三种关系是差异关系。这里的差异是指：字面意义与隐含意义表达了不同的言语行为。

例 20：③

以陈述表达要求和命令：Die Gans muss aus dem Ofen!

以疑问表达邀请：Wollen Sie mitkommen?

3）隐含意义是可以推断的。话语的隐含意义可以借助相应语境以及不同的推导方式获得。有关语境中说话者隐含意义的推导下文将详细考察，这里不再赘述。

---

① Sökeland(1980):30
② Sökeland(1980):32
③ Sökeland(1980):32

4) 隐含意义是可以消除的。为了避免话语在特定语境中衍生出的隐含意义，说话者可以有意地采用话语技巧来消除其产生的言外之意。隐含意义的消除可以分为两种方式：

a. 免除，即说话人以清晰的表达来免除话语有可能产生的言外之意。

如：Ich habe damit nicht gemeint,...

b. 无效：说话人收回话语。

5) 语境中说话人隐含意义的模糊性与认知多维性。鉴于本文讨论的隐含意义具有高度的语境依附性，而语境是动态的、多元的。因此，话语隐含意义往往也不是唯一的。因此，隐含意义具有模糊性。

例21：

Es ist Sonntag. 在不同语境中，可以是埋怨：儿子对母亲周末叫他起床的不满；也可以是提醒：妻子提醒丈夫，今天是周末，超市不开门。等等。

此外，受话者的个体差异（包括：共有知识、社会距离、交际者的情绪等）导致同一话语在同一语境中理解也可能是多义的。因此，隐含意义为话语的认知和理解提供了不同的角度和侧面，具有认知多维性。

6) 间接性与隐蔽性。

隐含意义的间接性与隐蔽性一方面源于话语者有意为之的意图性言语，以间接来代替直接，隐含来代替直观往往都是话语者出于不同考量的语言策略，是为了更加准确、恰当地实现其交际意图和情感的选择。另一方面也是源于语言的本质性缺陷。语言符号无法直接、完整、直观地呈现和表达所有的现实。因此，又是一种不得已而为之的话语实际。

1.4 语境中说话人话语隐含意义的语用功能

说话人的隐含意义不仅是一种认知方式同时还是一种话语策略，其主要功能在于：

1.4.1 寒暄功能

交际是语言最主要和最基本的功能。交际就是人与人相互接触,传递和互换信息与情感的过程和活动。然而,不难发现,很多日常交际其目的并不是为了传递信息、观点、愿望、要求,而是建立和维护社会关系。这是因为,人是社会的动物。语言交际是社会性的实践活动。因此,人们在言语交际中,不得不服从现有的社会规约和规范,建立和维护社会关系,适切地定位个人的社会角色。有的学者将其称为交际性(交流感情)交际(phatischer Kommunikation①),也就是寒暄。寒暄体现的是语言的交流感情功能(phatische Funktion)。

Phatische Funktion der Sprache wird als diejenige beschreibt, durch die die Sprecher keinen Informationsaustausch, sondern lediglich eine Kontaktnahme intendieren. ②

例22:③两个邻居在楼道中的对话:

A:Brrr – schrecklich kalt heute.

B:Ja,geht'n eisiger Wind.

A:Muss man sich richtig dick einpacken.

B:Brrr! Ich mach'schnell wieder zu.

上述对话中,交际双方并不是想向对方传达:天气寒冷,而只是一种寒暄,话语的意图是:交流情感,维护特定的社会关系。

例如23:④A 受邀去 B 家做客。B 让他三岁的孩子为 A 跳舞。跳舞过后,A 说 Spitze.

尽管有可能孩子确实跳得很好,但是 A 的话语目的往往是为了以礼

---

① www. wikipedia. de/Kommunikation
② Gruber (1996):51
③ www. wikipedia. de/Kommunikation
④ 作者注:德国拜罗伊特大学 Peter Kistler 教授在其"批评性话语分析"课程中的课堂语例。

貌性的话语使交际继续进行下去。这里寒暄成了推动交际进行的手段。所谓推动交际就是一切促进交际进行的手段与策略。如：避免交际中断的、使交际有效持续、避免交际冲突、维护交际氛围等等。

1.4.2 礼貌功能

礼貌是言语交际的一种策略，是一种社会现象。言语礼貌是日常交际的基本要求。为了避免言语直接对受话者带来尴尬和伤害，人们常常更倾向于使用间接性的言语来传达隐含意义。Maas/ Wunderlich 认为：间接言语是一种礼貌性的掩饰性手段。

Frage –, Aufforderungs – und Behauptungssätze können als geronnene Frage, Aufforderungs – und Behauptungshandlungen angesehen werden; wenn sie sich soweit verdinglichen, dass sie auch für andere Handlungszusammenhänge stehen, so dient das...der Verschleierung dieser Zusammenhänge. ①

间接性的言语可以掩盖或淡化威胁对方面子的话语，委婉地传达话语者的言语意图与情感，间接表达话语者的言外之意，因此，成为实现言语礼貌的重要手段。如：在日常交际中，常常以疑问句来代替命令式：

例 23：②

Gehst du mal einen Moment hinaus?

Würdest du mir bitte bei der Buchhaltung helfen?

Könntest du vielleicht etwas leiser sein?

Gehst du mir mal aus der Sonne?

Haben Sie eine Zigarette für mich?

Legst du bitte eine Schallplatte auf?

这种以问句形式表达的请求和命令减弱了话语对受话者的指令意味，凸显了话语的协商氛围，因此，成了一种规约性的表达指令言外之意

---

① Maas/Wunderlich (1975):217
② Sökeland(1980):54 – 60

的礼貌话语行为。

1.4.3 幽默功能

言语幽默是调节话语气氛、增强语言表现力和感染力的话语技巧。利用话语传达的隐含意义来制造幽默是极其常见的语言表达手段。

例24：①

A：Wie hast du denn dein neues Auto finanziert?

B：Ich habe meine Trompete in Zahlung gegeben.

A：Das hat der Autohändler akzeptiert?

B：Der wohnt direkt über mir!

B的最后一句话是整个对话的幽默所在。对话的前半段刻意制造了悬念：用小号作抵押，买下了汽车。在读者正为此百思不得其解时，结尾一语道破了天机：卖车的车商住在我的楼上。那么结合语境这句话的隐含意义顿时跃然于读者的思维之中：练习小号严重影响了邻居的生活起居。读者在充分解读隐含意义的基础上，理解话语的幽默方式。

1.4.4 讽刺功能

利用话语的隐含意义传达说话者讽刺性的态度，一方面可以避免直接言语带来的尴尬和冲突；另一方面，使话语的表现力得到了深化和凸显。

例25：②

A：Ein Nachbar fragt：Würden Sie mir netterweise fürs Wochenende Ihre Superstereoanlage leihen?"

B：Geben Sie eine Party?"

A：Nein，ich möchte nur mal richtig ausschlafen."

---

① 张薇(2006)：64
② 张薇(2006)：61

这段对话虽然也是一则幽默,但是话语暗含的言外之意恰恰充分展现了其讽刺功能。这里同样涉及的是邻里之间的对话。从 A 的话语之中,很容易读出:B 的超级音响设备影响了 A 的生活。A 对此很苦恼和不满。为了表达自己的这些不满,A 巧妙地以借用设备打开话题,显然 A 对 B 的追问是有预期的。紧接着 A 利用 B 的追问进一步解释,看似在说:我借走你的设备,不是为了聚会,而是想好好睡觉,实则讥讽性的隐含意义早已被 B 领会。

例 26:①

Der Stürmer wird beim Fußball gestossen, er wälzt sich übertrieben mit schmerzverzerrtem Gesicht am Boden. Da fragt der Schiedsrichter:Soll ich den Sanitäter rufen oder den Theaterkritiker?

这是足球比赛场中裁判对伤员的一句话。话语的字面意义看似在询问,实则通过疑问表达了对伤员刻意夸大伤情的隐含讽刺之意。

1.4.5 评价功能

语言不仅可以描述事实,同时还可以表达话语者的态度和感情,系统功能语言学将语言的这一功能称为人际功能或评价功能。Kohvakka 认为:

In den Pressetexten spielte die Einstellung des Berichterstatters eine große Rolle. In den Kommentaren war ein starkes persönliches Engagement des Autors zu entdecken. ②

评价功能中的隐性评价是说话人通过语境作用凸显说话人隐性态度与情感的手段。态度是隐性评价的核心。就方式而言,说话人态度的隐性建构主要涉及以下两种:引发和强化。引发是指通过各种隐性手段间接地表达话语者态度的手段,在具体语境中主要通过唤起和激发两种方

---

① 张薇(2006):63
② Kohvakka (1997):187

式来实现。

唤起(evocation):不使用特定感情色彩的词汇或句法手段,主要是通过纯粹的信息内容来唤起受众特定的情感反应,即:陈述事实引起听读者的感情反应。①

例27:②Er besucht seinen neunzigen Vater alle zwei Jahre.

尽管句子本身只是纯粹的事实内容的中性描述,但是这句话显然含有了说写者对这一事实否定性的评价。原因在于:根据常规和一般性的价值认知,会认为:90岁高龄的老父亲,两年才去看望一次,显然是对父亲太不关心了。引起这种态度认知来源于听读者自身的价值评价系统。

激发(provocation)也是一种隐性评价手段,没有明确的肯定或否定的态度表达,但却包含作者或说话人主观参与的成分。推动读者对人或事的价值判断,起着"触发器"的作用。③ 如:说写者支持某人的观点时,常常会表达为 Man sagt, wie Karl Marx, es ist allgemein gültig 等等。而假如不支持某人的观点时,往往会以 jemand behauptet, es soll……来表达。

强化(intensification)作为另一种激发手段,也是重要的隐性评价手段,它主要为激发读者做出间接判断创造条件。

例28:

Gasprom lässt Satelliten ins All schießen, betreibt Hotels und eine Fluglinie. Es verarbeitet Fisch, näht Pelzjacken, unterhält Hühnerfarmen und füllt Mineralwasser ab – eine komplette Infrastruktur unterhielt, um ihre Mitarbeiter von der Wiege bis zur Bahre zu versorgen.

(Der Spiegel, Nr. 10/ 5.3.07. S. 126)

这段节选自《明镜周刊》对俄罗斯天然气国际康采恩 Gasprom 的描写中,通过一系列的描述和列举,展现了公司业务范围广阔、福利制度健

---

① 王天华(2012):44
② 德国拜罗伊特大学 Peter Kistler 教授"批评性话语分析"课程中的课堂语料。
③ 王天华(2012):43

全,似乎是一种积极性的评价。然而,通过上下文的语境,不难理解作者以这种细致化的列举强化手段隐含性地传达了话语的评价意义:Gasprom公司将成为国际超级康采恩,进而变成俄罗斯控制世界经济的一把利剑。因此,结合语境后,凸显出作者的担忧等负面情感评价。

评价语句的言语行为目的是表达情感和态度,是一种向受话人实施影响的行为。评价意义是说话人意义的一部分,是话语在不同语境中说写者情感与态度的直接或间接流露,是话语语境意义的重要组成部分,因此,隐含意义是语用功能中不可忽略的一个层面。

2. 相关研究

正如前文提到的,对意义的研究伴随着语言产生与发展的各个阶段。意义究竟是什么?学者们提出了不同的解释模型。下面借用这个图表来简单回顾一下主要的意义理论。

意义理论	主要观点	代表人物	存在的问题
指称论	语言与现实之间存在直接联系,意义就是语言所指的客观世界中的实体。	Plato, Russel	不同的词有相同的指称,但不一定有相同的意义;还有一些词没有所指,却有意义。
观念论	头脑中的观念是词语与事物相联系的中间环节,意义就是客观实体在人头脑中反映出的精神实体—观念。	Locke	观念反映的只是客观事物的表象,并且含义模糊,具有主观性和不稳定性。
行为论	语言的意义要通过实际生活环境中可观察到的行为来说明,即语言所产生的刺激和对方的反应。	Blommfield	不同的人或者不同的场合下,同样的刺激会产生不同的效果和反应,甚至毫无反应。
功用论	意义就是词语的使用和功能。	Wittengenstein	语言使用环境存在多边性和不确定性,而语言意义应该具有相对稳定性。

图表 2 意义理论的研究回顾[1]

---

[1] 张勇(2012):21

话语的弦外之音　>>>

意义的研究路径揭示了语言意义从指称说到功用说的发展轨迹。其中意义的行为说与功能说为隐含意义的研究奠定了深厚的理论基础。

2.1　研究的缘起：语言的形式、功能与隐含意义

在语用学兴起之前,话语的隐含意义一直是修辞学领域的考察对象。这一时期的研究重点是立足挖掘和探讨不同修辞手段可以实现何种隐含意义以及如何实现,其研究很少关注句子表层结构和话语表达的实际意义之间的内在联系。

语言学家 E·Stenius[①] 在对句型研究中指出:任何句子都有两个方面,即句根(Satzradikal)和句式(Satzmodus)。句根是指句子的基本命题,在不同的句子类型(陈述句、疑问句和命令句)中以相同的词汇表达相同的命题。

Philip kommt.

Kommt Philip?

Philp,komm!

三个不同句式都表达了一个命题,即菲利普来了。这充分说明:

1)不同的句式可以表达相同的命题意义。

2)相同的命题意义则可对应不同的句式表达。

3)命题意义和句子的真正含义(话语意义)是截然不同的。

4)话语意义才是句子意义的关键所在。

句根和句式的不对等关系在一定程度上就是语言形式与功能不对等表现,是隐含意义产生的一种手段。因此,可以说,对句根和句式关系的探讨是隐含意义研究的一次初步尝试。

---

① Stenius (1967):275

2.2 语用学研究

从某种意义上来说,语用学就是研究隐含意义的科学。这是因为语用学探究语言在具体使用中的意义。

2.2.1 布勒的语言工具说

现代语言学对隐含意义的研究得益于20世纪初期语言哲学领域对语言功能和意义关系的探讨。20世纪30年代,德语语言学家Karl Bühler 在其"Sprachtheorie"中提出了"Organonmodell"(语言工具说)。Bühler认为:语言符号作为言语交际的工具具有指示、表达和吁求三大功能。[①] 其中的吁求功能强调了语言符号的使用会对符号接受者产生作用。也就是说,在言语交际中,不同语言符号会使对方产生不同的言语或行为反应。人类话语的功能是向他人施加影响的方式,而不仅仅是一种思想观念的简单传递。这一思想初步阐释了言语活动的行为导向性和意向性,即以言行事。因此,话语的意向性逐步进入了语言意义的研究范畴。

2.2.2 意义的规约性与语境性:维特斯坦的语言游戏说和意义使用论

1953年,奥地利语言哲学家L. Wittgenstein 在其"Philosophische Untersuchungen"中结合日常语言哲学提出语言游戏说(Sprachspiel),它是维氏语言哲学后期思想的集中体现。该理论认为:言语交际是由无数个语言游戏构成。语言游戏是诸多完整的交际单位,它们由语言行为和非语言行为(如命令和命令的执行)组成。语言游戏是一种在某一语言共同体中由规则制约的且具有特定功能的言语行为。因此,Wittgenstein认

---

① vgl. Bühler(1934):10–15

为:话语的意义是在语言和非语言交际的习俗(规约)中产生的。① 这里的规约是指特定的制约语言表达正确或错误以及语言行为方式的准则。因此,可以认为维氏的语言游戏说是意义的规约性理论。规约性理论认为:理解意义就是对符号使用规约的了解。受话者根据规约理解话语,如果说话人的话语符合规约,那么就会得到认可。此外,Wittgenstein 的意义理论也是社会性的意义理论,这是因为语言使用个体只有遵循语言的社会规约习俗才能使其表达有意义。

在社会规约的制约下,话语意义也不完全是单一和确定的。Wittgenstein 认为:符号、词汇和句子作为语言的工具本身并无含义,只有在各个行为环境中具体使用才赋予它们含义,也就是说,语言只有在具体使用时才具有意义,即意义使用论(Gebrauchstheorie der Bedeutung)。② 按照这一理论,一个语言表达的意义就是它在各自行为语境中的功能和使用方式。意义使用论为语境中说话人意义的生成和理解提供了较为合理的理论解释,从而极大地推进了隐含意义的理论研究。

2.2.3 意义意向性的初涉:言语行为理论和间接言语行为理论

在 Bühler 的"语言工具说"和 Wittgenstein 的"意义使用论"的影响下,英国哲学家 J. L. Austin 和美国语言哲学家 J. R. Searle 在前人研究基础上,尝试对人们的话语行为进行系统描述。Austin 关注了日常生活中人们如何通过语言进行有效交际。他发现:有些句子不是描写事态,无所谓真假之分,而是实施一种行为,即 Worte sind Taten.(语言就是行为)。

从这个意义上来看,语言不仅是用来描写和陈述客观世界,而且也是一种行为。因此,Austin 将句子划分为施为句和表述句。表述句有真假的区别,而施为句只有恰当与不恰当之分。

Austin 认为,人类交际的基本单位并非具体的词或句子,而是具体的

---

① vgl. Wittgenstein(1971):35 - 48
② 同上

言语行为,他将人们说话时实施的言语行为分为:言内行为(Locution)、言外行为(Illocution)和言后行为(Perlocution)。言内行为就是表达出具有一定意义的语句;言外行为即话语者借助话语来表达其特定的意图;言后行为就是通过话语而取得某种效果。他进一步将言外行为分为五类:(1)裁决类(verdictives),如:估计、宣告;(2)行使类(exercitives),如:命令、禁止;(3)承诺类(commissives),如:许诺、保证;(4)表述类(expositives),如:描述、肯定;(5)行动类(behabitives),如:感谢、欢迎。

此外,Austin 重点考察了语言结构和交际功能一致的直接言语行为。并且试图寻找这些言语行为公式化的总结与表达,为此他提出了明确的施为公式(explizite performative Formel)。他认为:借助明确的施为公式可以使言语交际的意图清晰明确。然而,随着研究的深入,他发现,施为公式并不是鉴别句子施为功能最为清晰的标准。① 如:②

Ich rate dir, dich hier nicht mehr blicken zu lassen.

Ich behaupte, dass du es warst, der die Platte zerkratzt hat.

Ich verspreche dir, dass du ein paar hinter die Löffel bekommst.

这里尽管出现了施为动词,但是却表达与其截然不同的言语行为:驱逐、指责和威胁。同样如果借助 Ich danke dir vielmals. 的语调改变也可以使句子变为一种讽刺性的言语行为。

动词的式、情态动词、副词、连词、语音、言语行为伴随的副语言等均可以成为话语施为功能的标记。Austin 认为:使用这些话语标记会导致表达的多义性,而施为公式却可以避免多义。③

尽管,Austin 也认识到间接言语行为的存在,但是他并没有使用这一术语,而是将其称为 Unglückfällen④。Austin 甚至考虑将非明确性的施为

---

① vgl. Austin(1972):70-82
② Sökeland (1980):39
③ vgl. Austin(1972):60
④ vgl. Sökeland(1980):16

39

公式归入间接言语行为。这里需要强调的是，Austin 将那些语言交际者错误执行的言语过程（错误使用施为公式）也归入 Unglückfällen 之中。这显然是极不合理的。

Austin 的言语行为理论为话语的隐含意义研究开辟了新的理论视角。即从言语行为角度理解话语的意义。他所提到的言外行为实质上就是话语意图，也就是言外之意。这些认识和理解为隐含意义的多角度阐释提供了强大的理论准备。Austin 言语行为理论的贡献主要有三点：

1）区分了表述性话语（konstative Äußerungen）和施为性话语（performative Äußerungen）。

2）言语行为三分说：以言指事、以言行事、以言成事。

3）对以言行事言语行为的分类。

然而，Austin 研究的局限性在于，在其庞大的理论体系中，却并未涉及话语的施为功能与句子意义的关系。Austin 并没有认识到：话语的真正的施为功能并不是取决于句子意义。

例 29：①

陈述句 Nach fünf Minuten wird der Tee bitter. 可以作为告知，也可以作为建议（将茶倒掉）来理解。

疑问句 Wie alt bist du eigentlich? 可以作为对熟人年龄的询问，也可以是母亲对顽皮孩子的警告或督促性的表达（意为：别调皮）。

这些例子充分说明了话语的语境对其真实施为功能的判定意义重大。这里的语境包含：交际者的社会角色、他们之间的关系、他们的知识结构、语言交际中的副语言等。由此可以得出：句子的意义不仅仅是它直接对应的言语行为，而且还应该包含它在不同语境中所实施的其他的言语行为。

1975 年美国语言哲学家 Searle 在修正言语行为理论的基础上，提出

---

① Sökeland（1980）:36

了间接言语行为理论:即通过另一种以言行事的方式间接地实施的以言行事,话语间接表达的言外之力。

Searle 认为:在间接言语行为中,说话人依赖他们彼此共享的语言和非语言的(背景)信息,加上听话人推断能力,说话人与听话人所交流的要比说话人实际说出的多。①

间接言语行为理论主要要解决的问题是:说话人如何通过"字面用意"来表达间接的"隐含意义";听话人又是如何从说话人的"字面用意"中推导出其间接的"隐含意义"。

为此,Searle 首先提出实施言语行为的恰当条件。Searle 认为成功地实施某一言外行为必须满足四个必要条件:准备条件、真诚条件、命题内容条件和基本条件。

	指令或请求的言语行为	许诺或保证的言语行为
准备条件	听话人能够实施某事(行为)	说话人能实施某事 听话人希望说话人实施某事
真诚条件	说话人希望听话人做某事	说话人愿意做某事
命题内容条件	说话人讲出听话人将要做的某事	说话人讲出自己将要做的某事
基本条件	说话人试图让听话人做某事	做某事是说话人应该承担的责任

图表3　Searle 的言语行为的恰当条件

Searle 通过真诚条件(Aufrichtigkeit)研究了语言结构的复合功能(Polyfunktionalität sprachlicher Strukturen)。当句子被真诚地表达出来,受话者辨识话语者的话语意图就是一个,受话者理解句子的意义,明白紧接

---

① vgl. Searle(1975):31－32

着会/要发生什么。间接言语行为则被视为一种非真诚地表达。

Searle 后期研究中进一步升华了间接言语行为理论,提出了意向性理论。人的意识具有指向性。这种指向性表现为存在于人脑中的主观意向可以支配人们做出某种行为或对某种行为做出相应反应。Searle 认为:意向性的内在结构应该包含以下四个方面[①]:

1)心理模式和表征内容是构成意向性的两个基本结构。Es regent. 天下雨这一表征内容在言语交际实践中可以与不同的心理模式(希望、担心、相信等)相结合构成一定的意向状态。

2)适合方向是架构言语行为与客观世界的中介。Searle 言语行为中存在:言语到世界的适合方向(断定类)、世界到言语的适合方向(指令类和承诺类)和无适合方向的言语行为(祝愿等);因此,意向状态相应的也有三种适合方向,即"心到世界的适合方向"(如:信念),"世界到心的适合方向"(如:欲望)和无适合方向的意向状态。

3)真诚性是意向性内在结构的核心条件。

4)意向得以满足。

由此可见,语言的表征能力并非固有,而是根植于心理的意向状态。因此,语言的意义必然受到特定的意向状态制约。为此,Searle 提出了:语言的意义不仅源于惯例与规约,而是由意向性与规约性共同制约的。任何成功的交际都是以交际目的、交际意图的辨识为前提的。Andreas Kemmerling 认为:理解符号的意义在于理解其表达的意图效果。[②] 换而言之,话语者使用某一言语意图唤起受众者特定的效果。因此,意向性是以说话人为中心的意义理论。

然而,Searle 对语言间接性的研究存在一定局限性,借助下图可以清晰地梳理出他的研究方向(我们以疑问言语行为为例):

[①] 引自:涂纪亮(1996):48
[②] vgl. Meggel (1979):68

Ich frage dich hiermit
Spitzenstellung des Finitums
Spitzenstellung des Fragewortes ⎫ Fragehandlung ①
Frageintonation
Fragezeichen

Searle 认为:施为公式、动词位于句首、特殊疑问词以及问号是疑问言语行为的标记,而实际中我们发现:

Spitzenstellung des finiten Verbs ⎫ Fragehandlung
Kontextinformation ⎭ Aufforderungshandlung
　　　　　　　　　　　　Einladung
　　　　　　　　　　　　Bitte
　　　　　　　　　　　　Warnung
　　　　　　　　　　　　Drohung

动词位于句首的句子借助一定语境可以表达多种言语行为(交际意向):疑问、请求、邀请、警告、威胁等。因此,语境才是话语施为语力的关键性标记。

总的来说,言语行为理论研究语言中的主观因素(说话人、受话人、目的、语境等)对意义建构的作用。因此,言语行为理论实现了语言意义由命题意义研究到语言使用者意义研究的巨大转向。② Searle 间接言语行为理论以及后期的意向性理论极大地扩展了隐含意义的研究视角,深化了隐含意义的理论认识,为意义意向性的进一步阐释开辟了广阔前景。

2.2.4　德国学者对言语行为理论的深化:从间接言语行为研究话语的施为语力

自 1972 年 Austin 言语行为理论的译文"Zur Theorie der Sprechakte"

---

① Sökeland (1980):19
② 李洪儒(2003):17

在德语国家出版后,德国学者逐步开始关注言语行为的言外之意。20世纪70年代中期到80年代德国出现了语言间接性的研究热潮。学者们纷纷在批判性阐释间接言语行为的理论上,深化了这一理论在德语言语交际中的应用(Dieter Wunderlich 1974, 1976, Utz Maas/Dieter Wunderlich 1976, Dorothea Franck 1975, Veronika Ehrlich/ Günter Saile 1975, Hennig/Huth 1978, Reinhard Meyer – Hermann 1976, Günther Grewendorf 1976, 1980, Werner Sökeland 1980)。这些早期的语言间接性的研究基本集中在以下几个方面:对间接言语行为的界定和描述、讨论直接言语行为和间接言语行为的关系、间接言语行为的成因和使用动机、间接言语行为的标记手段(Indikator)、间接言语行为产生的隐含意义的生成与理解。

考察其研究路径,我们发现,他们都是从直接言语行为来研究间接言语行为。这是因为学者们普遍认为:直接言语行为和间接言语行为是一组对立互补的概念。考察语言的间接性离不开对直接性的研究。Ehrlich/Saile 在对直接言语行为中指示手段(句式、施为动词、副词、小品词、重音等,但研究未涵盖情态动词)的研究中指出:当言语行为功能与上述指示手段产生矛盾时,就出现了间接言语行为,从而产生隐含意义。①

在对隐含意义(间接言语行为)生成的阐释中,他们遵循功能主义的研究方法。即通过考察语言形式与功能交互关系来研究隐含意义。学者们认为:当话语者为了实现某一言语行为(简称 S1),他会从众多的语言手段中选择某一手段(简称 M1),当 M1 以一种直接的方式与 S1 相关联,那么这种语言行为就是话语意图实现最常规的形式,是直接的。当然话语者也可以选择其他的语言手段,如:S1 间接关联的 M2,那么这时就会产生间接言语行为,生成隐含意义。M2 是典型的用于实现另一种言语行

---

① vgl. Ehrlich/Saile(1975):255–258

为S2的直接语言手段(M2与S2直接相关)。当然,还会存在M3…Mn,它们的每一种语言手段都会对应不同于S1的其他言语行为。由此可以得出:语言结构和与其表达的意义不是线性的一对一关系,而是一种复杂的多对一或一对多关系。只不过,其中某些结构与某一意义的关系较为紧密,而另一种结构与这一意义的关系较为复杂和疏离。

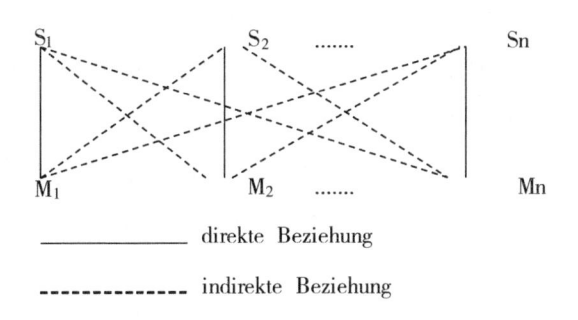

图表4 语言手段与言语行为的交互关系①

从另一方面来看,每一种以言行事功能都会对应多种标准的语言实现形式(Standardrealisierung),而其中大部分是间接的语言实现形式。因此其表达的意义也就是间接的、隐含的。某一语言结构可以实现的交际功能被称为施为力(Illokutionspotential)。而与此相对,用于实现某一言语行为的语言结构则被视为实现力(Realisierungspotential)。同样,这二者之间也不是线性的一一对应。常常表现出偏离的关系。

在隐含意义(间接言语行为)的理解中,Sökeland认为:同一话语中存在两种关系:基本施为功能和真实施为功能。② 语言结构与施为功能表现为直接关系的称为基本施为功能(Basisillokution),而二者呈现间接关系的则称为真实施为功能(tatsächliche Illokution),也就是话语的言外之意。不同话语中的两种施为功能存在不同的关系。

---

① Sökeland(1980):29
② vgl. Sökeland(1980):35

可以是一致的：①

Fahren Sie bitte langsam!

也可以是不一致的：②

Herzlichen Dank, dass du mir so in den Rücken gefallen bist! 看起来似乎是表达谢意，实际上却是抱怨。

而当话语的两种施为语力不一致时，就会产生隐含意义。

总的看来，德语国家这一时期对隐含意义的研究遵循了功能主义的研究方法，其研究方向分为两种：一种是从功能出发，讨论何种语言形式可以实现某一语言功能；另一种是从形式出发，讨论语言形式所服务的语言功能。这种看似科学、全面的研究体系实际上却忽略了一些根本性的问题。

随着对说话人隐含意义研究的深入，依靠间接言语行为理论描述和解释言外之意的局限性逐步凸显出来。其不足之处在于：

1) 间接言语行为理论并没有全面解释话语者为什么在言语交际中放弃直接表达而使用间接性的表达。

2) 尽管言语行为理论认为语境对话语的施为语力会产生影响，但是却并没有深入论述其交互关系。

3) 间接言语行为的理解主要依靠交际双方共有的语境信息。一旦说话人所要间接表达的隐含意义与听话人理解的不一致，就很有可能导致交际的失败。Searle 的间接言语行为理论并没有解释隐含意义理解偏差而导致话语不解、误解或超解等实际话语实践中的情况。

为了进一步认识语言间接现象，语言学家尝试从不同角度进一步描写和阐释隐含意义，他们提出了一系列的理论设想和阐释模型。在这些对隐含意义的大量研究中，其基本路径都是意向性理论的深化，即：对话语交际意图的探讨。而就研究视角而言，基本涵盖了下述三大理论视角：

---

① Sökeland(1980):29
② 同上

合作视角、礼貌视角、认知视角。

2.2.5 意向性理论的深化:Grice 的合作原则和会话含义

为了清晰描述自然符号与其所指对象,Grice 区分了符号的自然意义和非自然意义。符号的自然意义是指符号本身与其所指存在实践性的关系。[①] 因此,这里的符号是一种指示或标志(如:冒烟意味着火)。而与此相反,如果符号与其所指对象之间不存在实践性的联系,那么就会产生符号的非自然意义,也就是出现了使用某一表达符号意味着什么的现象(Mit – einer – Äuβerung – etwas – meinen)。Grice 认为:就语言符号而言,符号的非自然意义在原则上并不适用所有语言表达且也不完全由规约性产生。说话人的意图是语言符号非自然意义理解的关键,当然部分话语的意义确实是依靠规约性来理解的。而这种规约性也只能追溯意欲来解释。[②]

Grice 认为话语者的意欲就是其意图。就是通过一系列的符号链来唤起受话者特定的信念。他认为,话语意义的理解分为五个阶段:第一阶段是说话者在某一环境中的陈述行为;第二个阶段涉及的是心理学理论,即说话者对此的命题态度;第三个阶段是主观性理论,第四个是规约性意义理论,第五个是语义援引,这五个阶段都可以为话语赋义。[③] 第一个阶段是理解说话者的行为,它是更高阶段理解话语的意义的基础。在这个阶段,假如说话者的非语言行为与其话语行为产生矛盾,就必须修正对话语的理解。第二阶段涉及的命题态度则是解释话语背后隐藏的特定的说话人意图,即说话人的所想、所愿、所知和所信。第三个阶段控制的是话语表达的主观性意义,这也是 Grice 理论的重点,即含有说话者特定意图的话语通过话语 – 说话者 – 语境 – 意义模式得以生成和理解。也就是

[①] vgl. Grice(1979):10 – 12
[②] vgl. Grice(1979):2 – 15
[③] 引自 Meggle(1979):59 – 63

说,说话者某一表达意味着:

1)听话者产生特定的反应;

2)听话者认为或知道,说话者的话语意图是什么;

3)听话者以1)实现了2)。

后面两个阶段是为了进一步充实语义,从而可以更加深入地理解说话人的意图。

2.2.5.1　会话含意视角

1975年Grice在《逻辑与会话》中提出了制约人类交际行为的一条总则(语言交流的参与者需根据交流的意图和环境采取合作的态度)和四条准则,统称为合作原则。包含:①

1)量准则(Quantity Maxim)。

a. 所说的话应包括交谈目的所需要的信息。

b. 所说的话不应超出所需要的信息。

2)质准则(Quality Maxim):努力使说的话是真实的。

a. 不要说自知是虚假的话。

b. 不要说缺乏足够证据的话。

3)关系准则(Relevant Maxim):要有关联。

4)方式准则(Manner Maxim):要清楚明白。

a. 避免晦涩。

b. 避免歧义。

c. 要简练(避免啰唆)。

d. 要井井有条。

Grice认为:当说话者以一种明显的违背会话准则的方式所表达的话语,那么他往往是向受话者传达一些特定的、需要以间接方式理解的内容。它们常常被视为会话蕴涵。②

---

① 引自:何自然,冉永平(2002):82

② vgl. Meggle(1993):55

因此，一般认为，会话蕴涵是一种明显地、意图性违背会话准则话语行为的结果。然而事实上，同样存在很多并没有违反会话准则而产生的会话蕴涵。

Grice 依据合作原则的会话准则考察了会话蕴涵生成机制，从而得出了蕴涵可以分为两种：

1）遵守会话准则所产生的会话蕴涵（Implikatur durch Einhaltung）；

2）违反会话准则所产生的会话蕴涵（Implikatur durch Ausbeutung）。

1）遵守会话准则产生的会话含义

a. 遵守质准则

例 30：①

Maria hat zwei Liebhaber.

说话人知道：Maria hat zwei Liebhaber.

b. 遵守方式准则

例 31：

Hans wachte auf und trank einen Kaffee.

Das Aufwachen von Hans ging seinem Kaffeetrinken voraus.

c. 遵守量准则

例 32：

Einige Politiker sind korrupt.

Nicht alle Politiker sind korrupt.

Karl behauptet：dass er die Prüfung bestanden hat.

Sprecher weiβ nicht, ob Karl die Prüfung bestanden hat oder nicht, d. h. S. hält beides für möglich.

由此可见，遵守合作原则产生的会话蕴涵是一种表达蕴涵（Äuβerungs – Implikatur），它不同于语境蕴涵（Situations – Implikatur）。

---

① 例 30－例 32 引自：Harras(2004)：66－68

2)违反会话准则产生的会话含义

对交际原则的运用和控制表现为"合作"和"违反"[1]。而 Grice 理论的要点并不是对其准则遵守,而是更注重准则如何被违反而产生含义的种种情况。为此,Grice 总结出四种可能不遵守这些准则的情况:[2]

①说话人根本不愿意遵循合作原则(如:Leider darf ich dir nicht die Wahrheit sagen.)。

②说话人可以悄悄地、不加声张地违反一条准则(如:故意地迷惑或欺骗)。

③说话人面临一种冲突,为了维护一条准则,不得不违反另一条准则。说话者需要在相互矛盾的准则之间抉择。这种冲突和矛盾常常发生在数量准则和质量准则之间。(如:为了遵守质准则而不得不违反量准则。Karl wohnt irgend hier in dieser Gegend. 说话者准确说出,意味着他不确定。)

④说话人故意违背某一准则,同时让听话人知道他违反这一准则,交谈目的并不是中断,而是传递新的信息。

如果说话人在遵守交际合作的大原则的基础上违反了某条准则,而且相信听话人有觉察和理解的能力,那么说话人违反准则的目的,就是要表达一定的隐含意义。[3]

a. 违反质准则:

例33:[4]

Szenario:Im Geographieunterricht

A:Burkarest ist die Hauptstadt von Ungarn.

B:Und Kleindummersdorf ist die Hauptstadt von Deutschland.

---

[1] 莫莉莉(1999):61
[2] vgl. Grice(1981):147 – 154
[3] 方丽青,姜渭清(2002):257
[4] 例33 – 例36 引自:http://tuprints.ulb.tu – darmstadt.de/331/1/DissHandl.pdf

A 表达的内容是错误的,因此无法对此进行进一步的评论,B 只能将错就错,以同样的错误表达来提醒 A 意识到自身的错误。

b. 违反关系准则:

例 34:

Szenario:Im Büro. A hat nicht bemerkt, dass der Chef gerade in seine Nähe kommt.

A:Der Chef ist heute wieder einmal zum Kotzen!

B:Findest du nicht auch,dass heute phantastisches Wetter ist?

B 显然以其话语来转移话题,向对方传达 Wir sollen besser über etwas anderes reden.

c. 违反方式准则:

例 35:

Szenario:Aus der Konzertbeschreibung eines Musikkritikers.

Herr K erzeugt eine Lautfolge,die in enger übereinstimmung mit der Partitur der Arie des Papageno stand.

这位评论家的话语显然传递了 Die Ausführung der Arie des Papageno durch Herrn K, war aus irgendeinem Grund nicht normal.

由此可见,违反会话准则产生的会话含义都是语用蕴涵,需要结合特定语境方可理解其真实的话语意义。

3) 对违反会话准则的会话含义的理解

例 36:

A:Wie geht es Paul in seinem neuen Job?

B:Oh, ganz gut, nehme ich an. Bislang ist er noch nicht ins Gefängnis gekommen.

对这段对话的会话含义的理解,可以分为:

①B 的回答明显违反了关系准则。

②A 认为:尽管如此,B 还是遵循合作原则。

③B 表达的相关性在于,人们认为:Paul 在新的工作中可能会进监狱。

④B 知道 A 会得出这个结论。

A 明白,B 的话传达了 Paul 具有进监狱的前提条件。

2.2.5.2 礼貌视角

在隐含意义的研究中礼貌是很常见的视角。一般认为,说话人建构隐含意义与礼貌有关。礼貌话语可以掩饰言语交际行为的意图。国内外大量学者就此进行了不同深度和层面的研究(Brown&Levinson 1976,G. N. Leech 1983,Willi Lange 1984,Harald Weinrich 1986,侯国金 2002,刘国金 2005,杨丽君 2008 等)。其中英国学者 G. N. Leech(1983)提出的礼貌原则以及 Brown&Levinson 提出的礼貌策略是影响力较大的理论观点。

Brown&Levinson 提出了礼貌的五大策略:①

1)直接性策略(bald on record strategy):即说话人不采用补救措施、赤裸裸地公开威胁对方面子的行为。说话人不需要道歉或不采用调节措施就可以实现某一行为。

2)正面礼貌策略(positive politeness strategy):它会使听话人产生好的感觉或使对方感觉到自己的价值观得到对方的认同等。

3)负面礼貌策略(negative politeness strategy):比如说话含糊其辞、道歉,给听话人留有选择余地或明确表示不希望影响对方行动的自由等。

4)间接性策略(implicating/off record strategy):在严重威胁对方面子的情况下,说话人会采取隐含的手段,给对方留有余地,使其从中意识到说话人威胁面子的行为不是故意的,从而实施了该行为。

5)放弃实施威胁面子的行为(refraining from the act):如果某一行为足以威胁对方的面子,说话人可能会放弃实施该行为。

其中的正面礼貌策略、负面礼貌策略和间接性策略都从不同角度说

---

① 引自:何自然,冉永平(2006):119 – 120

明了话语的隐含意义是体现话语礼貌的方式。从礼貌角度来看,言语行为间接程度越高,则意味着其话语意图越隐蔽,意义也就越隐含,那么该言语行为就越礼貌。

象似性理论认为:礼貌会话中的语符长度增加,象似于社会距离的增加。在任何文化里,双方的社会距离越近,话语就可以越简单,反之就越复杂、冗长和迂回。① 字面意义和话语意义距离越大则交际者的社会距离越大,语符越多,语言表达越复杂,则越礼貌。

2.2.5.3 认知视角

20世纪80年代以来,语言功能的认知研究日益成为语言学的重要内容。在国内外隐含意义的认知研究中最引人关注的是:语言顺应理论、关联理论。

认知理论将人类的交际活动视为一种认知活动,而成功的交际取决于交际双方是否在相互创设的认知语境中"互明"(mutual manifestness)。语言顺应论认为:语言应用就是不断选择的过程,选择不同的语言形式来实现不同的话语意图。而选择的过程也是一种顺应的过程,即语言结构与语言环境相互顺应的过程。

而关联理论强调:语境中的关联对话语认知理解的重要作用。关联就是发现根植于人们心理的可以对彼此之间如何实现交际进行解释的隐含机制。② 任何说话人的意义都有明说(explicature)和暗含(implicature)两个方面。说话人和听话人不但应该了解对方的明说,更要互相明白对方的暗含。这就需要借助推理。推理过程就是在话语和语境假设之间寻找一种最佳关联的过程。因此,无论是语言顺应论还是关联论就隐含意义的研究而言,这些理论的共性在于:

1)它们均整合了心理学、语言学、跨文化学的研究成果,从认知层面探讨了隐含意义的生成与理解机制。

---

① 侯国金(2007):15
② vgl. Sperber/Wilson(1995):32

2)它们都强调认知语境对隐含意义生成与理解的决定性作用。

3)它们均认为:隐含意义的生成和理解需借助复杂的心理认知推理。

2.3 研究对象、方法以及语料选择

本文将隐含意义作为独立的体系进行系统地研究。以德语语境中说话人的隐含意义现象为研究对象,从语言共时层面出发,以大量语料为基础,采用系统的研究视角,重新考察隐含意义,运用归纳、演绎等方法梳理语言中的隐含意义现象。通过本研究试图解决如下问题:

1)德语语境中说话人隐含意义的界定、系统描写以及归类。

2)梳理德语语境中说话人隐含意义生成的各种手段。其中涵盖语音、词法、句法以及修辞手段。

3)开拓性研究德语语境中说话人隐含意义的语用生成策略。

4)整合语言学、心理学、美学、社会学等诸个角度全面考察语境中说话人隐含意义,深入阐释其生成和推理机制。

本文的重点在于借助大量语料系统挖掘语境中隐含意义的生成手段以及德语媒体语篇中说话人隐含意义衍生的语用策略。文中所选语料包括:日常生活交际语料以及媒体语料;其中日常生活语料主要选自:Dieter Wunderlich(1976), Werner Sökeland(1980), Eckard Rolf (1994), Gisela Harras(2004)等专著中的例句。而媒体语料则选自德国主流媒体(语料涉及的时间段为 2000 – 2014 年),包含平面媒体:《南德意志报》(*Süddeutsche Zeitung*)、《世界报》(*Die Welt*)、《时代报》(*Die Zeit*)、《明镜周刊》(*Der Spiegel*)、《焦点》(*Focus*)以及网络媒体:Fucusonline, Spiegelonline, Zeitonline。研究主要针对日常会话中的口语以及媒体语篇的书面语(包含采访语料中的口语。)所选媒体语料涵盖政治、经济、文化、科

技、社会生活等诸领域,语篇文体多样,如:报道、评论、广告、采访等。需要指出的是,本文涉及的说话人是一个宽泛的概念范畴,既包括说话者也包括写作者。

2.4 研究意义和创新

说话人话语的隐含意义是普遍存在的语言现象。对话语的隐含意义研究由来已久,这是一个涉及语言学、文化学、美学、哲学等诸学科领域的研究课题。但是现有的研究存在很大不足。通过前文的概念界定和相关研究的梳理与回顾,不难发现:

1)说话人隐含意义的传统界定范围较为单一狭窄。在这种认识下,交际者无法全面认知和理解说话人的意义。本文在前人的基础上,将话语的隐性评价意义也纳入隐含意义的概念内涵,扩大了对隐含意义的理解。因此将进一步拓宽这一领域的研究视野。

2)过往的话语隐含意义研究,主要关注的是口语表达,对书面语的研究往往涉及文学作品、广告等文体的研究,对大众传媒中的一般文体:新闻、评论、访谈等研究较少。因此,本研究有助于深化隐含意义在不同语篇、不同文体和不同语境中的研究。

3)笔者通过在中国知网中的检索发现:在国内,目前对隐含意义的研究主要成果集中在英语、俄语、日语方面,对德语方面的研究十分单薄。在德语国家,尽管对隐含意义的研究有悠久的历史,但是学界对此方面的研究较为单一,大量的研究都主要从语言间接性的角度来考察隐含意义,且研究主要涉及概念界定、使用动机和标记手段,而对标记手段的考察也往往局限于词法和句法手段,对隐含意义生成的手段缺乏系统性的研究。本文将在整合和深入前人现有研究基础上,进一步考察说话人隐含意义的多种生成手段,特别是将同义反复、语用否定以及刻意曲解等划入了隐含意义的研究体系,从而扩展了语境中说话人隐含意义的语用理解。

4)此外本文将重点考察说话人隐含意义生成的语用策略。挖掘并总结出隐含意义生成常常涉及的十大语用策略。以期形成较为系统的研究体系。

5)目前,对说话人隐含意义理论阐释主要是从间接言语行为理论、礼貌原则、合作原则、关联理论、顺应理论进行考察。本文将从认知角度整合语言学、心理学、文化学、社会学、美学多领域的研究综合考察语言的隐含现象,将语言、社会、心理融为一体,探讨说话人隐含意义生成和理解的模式与手段以及隐含意义理解推理机制。

通过对隐含意义的表达手段、生成理据以及语用功能的探讨以期深入认识这一语言现象,从而对其做出更为全面的阐释并深化其理论研究。

说话人隐含意义的研究主要是考察语境对语言意义的附加和制约作用。通过研究可以了解交际者的认知状态、目的取向、情感态度。因而,研究隐含意义不仅有助于深入理解话语的语用含义,而且还可以洞悉话语中所隐含的交际者的世界图景、心智状态和情感态度。

2.5 本文的结构

本文结构上共分为七大部分:

第一部分引言,提出研究的问题,并在前人的基础上梳理和界定出说话人隐含意义的概念范畴。在厘清隐含意义与语言间接性、隐含意义与蕴涵、隐含意义与预设关系的基础上,提出了语境中隐含意义界定的三个层面,从而扩展了对语境中说话人隐含意义的认识。

第二部分是对相关理论和过往研究进行梳理。着重从语用学角度探讨了隐含意义的研究发展轨迹。

第三部分是隐含意义研究的理论基础,包括语言哲学基础、符号学基础、美学基础、心理学基础、社会学基础。即从上述五大理论范畴深入认识说话人隐含意义的存在、生成与理解的依据。

第四部分和第五部分是本文的主体。其中第四部分在研究语境的线索功能的基础上，重点考察了德语语境中各种说话人隐含意义生成手段，涵盖：语音、词法、句法、修辞手段。

第五部分借助媒体语料归纳出说话人隐含意义生成的语用策略：通过大量语料充分展示了隐含意义生成语用策略的多样性和复杂性。

第六部分从认知角度考察说话人隐含意义的理解。重点探讨了理解隐含意义涉及的四大推理类型。

第七部分是结论和研究展望。

3. 语境中说话人隐含意义研究的理论基础

3.1 语言哲学基础:语言与思维的关系

确定语言的意义不可避免地涉及语言与思维的问题。语言与意义的关系源于哲学上的"言意之辩",即对语言形式和语言意义关系的讨论。隐含意义体现的是语言形式与内容的关系。语言工具与人的主观意旨的关系,其实质是语言和思维关系。一方面,语言是思维的表象,是思维的物质化的过程;另一方面,由于语言与生俱来的概括性、模糊性等本质属性使得语言又无法完全表达思维。语言与思维这种矛盾导致了语言形式与语言意义的离合性,言不尽意、言外之意,言在此,而意在彼反映的正是这种离合性。

1)语言的线性:即语言符号的线性排列。语言的线条性使它无法在同一时间再现动态的、多维的世界。[①]

语言是以线性感知的形式存在,因为作为语言第一性的物质载体—语流是以音节为单位逐个发出呈现时间线性,作为语言第二性的物质载

---

① 刘金文(2004):9

体—文字从左到右逐一排列。① 语言符号是单向线性的、一维的、历时的,而客观世界是立体的、多维的、共时的。这就使得语言无法在同一时空内共现多维与动态的客观事实。因此,自然语言的线性结构(一维性)导致其无法反映思维中的全部意义。那么,隐含、间接与迂回就成为表达思维意义的捷径。从这个意义上来看,说话人的隐含意义是语言线性结构的客观结果。

2) 语言符号的有限性。

尽管语言符号一直不断地创新和变革,然而现有的语言符号似乎永远都无法全面、准确地表达无限发展和变化的客观世界。因此,相对于语言意义,语言符号永远是有限的。隐含意义就是人们试图通过有限的语言符号来表达无限的言外之意的途径。在有限中蕴含无限,在字面中蕴含意图和情感,通过这种方式突破语言形式与意义的矛盾困境。

3) 语言的概括性使其无法表达人类思维中的全部意义。

概括就是将事物的共同点加以归纳。客观世界的事物与状况千差万别,创造各自独立具有区别性的语言符号似乎永远不可能实现。因此,人们只能忽略事物的次要差别,有意识地把它们从连续的时间和空间网络中概括出来,形成一个个抽象的语言符号。然而,概括性就像一张巨大而又稀疏的网,它经纬有度地网络了整个世界,但同时也遗漏了许多旨趣和意蕴。② 语言的概括性使得言语表达难以深入、细致地表述全部的客观事实,那么挂一漏万、难以言表就成为不可避免的事实。因此,隐含、间接就成为语言意义不可避免的"缺陷"。

4) 语言的模糊性。

粒散性是语言表达认知内容时的一大重要特征。它表现在:当我们用语言来勾画一个一个未知事物时,只能得到一个疏略的框架。也就是

---

① 王京平(2003):76
② 刘金文(2004):10

说,纯语言符号提供给我们的意义是很模糊的。① 模糊性是语言的客观属性,是语言反映世界的一种基本方式。语言的模糊性使其无法真切、明晰地传递人类复杂的情感以及感觉器官的丰富感受。在德语中:

Ich gehe davon aus,dass…

它可能表达了——er befürchtet,behauptet,denkt,den Eindruck gewonnen hat,empfiehlt,erwartet oder in solcher Erwartung handelt,feststellt,folgert(schließt),gefasst ist auf,sich gefasst macht auf,handelt als ob,hofft,rechnet mit,schätzt,sich verlässt auf,unterstellt,vertraut auf,voraussetzt,für wahrscheinlich hält…②等等含义。

然而,语言的模糊表达却具有简洁性、概括性等特点,它不但能提高表达的效率,而且还能使表达兼具委婉含蓄、谦虚礼貌等交际和美学效果。

语言的局限性导致了言与意重合的理想状态很难到达,抛弃语言交际中话语者有意的隐含意义不说,从根本上来看,完全、彻底的直观意义也是不可能的。语言的魅力也正在于克服其自身弊端、在其无限运用中发挥其功能。语言的创造性就是要以有限的手段创造无限表达可能,生成无限多种的隐含意义。

3.2 符号学基础

语言是人类社会的最主要的社会现象。从多种角度去观察,就会得到有关语言的多种认识。从交际功能角度看,语言是交际工具;从思维功能角度看,语言是一种特殊的心理行为;从信息功能角度看,语言是诉诸

---

① 刘金文(2004):11
② http://de.wikipedia.org/wiki/Mehrdeutigkeit

听觉和视觉的符号系统。①

符号学认为:人与世界的关系是一种符号化的过程,符号化的过程就是一个不断赋义的过程。在赋义中,探讨意义成为符号学的核心问题。符号的意义是指示不同的事物。现代符号学创始人美国学者皮尔斯(Charles Sanders Peirce)认为符号可以分为:标志性符号(Index)、图像符号(Ikon)、象征性符号(symbolische Zeichen)。

标志性符号是自然习得的,符号与其指称的事物之间存在必然、直接的联系。如:发烧是生病的标志,浓烟滚滚是物质燃烧的表象等等。一般认为:标记性符号的习得主要依靠生活经验积累。与此相反,图像符号不是自然形成的,而是人为的,符号形式是模仿某事物的声音或图像,它所标志的意义同样需要常识和经验的积累。② 如:十字架代表基督教,喵喵表示猫的叫声等等。而象征性符号的意义是社会规约限定,其形式与意义之间没有直接联系,无法推敲。语言符号是象征性符号中最为重要的组成部分。

3.2.1　语言符号与符号意义的离合性

现代语言学创始人 Saussure(索绪尔)将语言符号视为能指与所指的统一体。能指是"音响形象",所指是"概念"。概念是凝结在特定符号(能指)上的思想。概念是对事物本质属性的认识。它们之间的关系可以借助美国语言学家奥特根(Odgen)和理查茨(Richards)提出的著名的语义三角来解释。

按照这一理论:意义是符号、思想(所指)与被指对象交互关系的产物。思想和符号之间存在直接的联系,思想是抽象的,它要通过符号才能表达出来。思想与被指示对象直接相联系,前者是后者在头脑中的反映。而符号与被指示对象之间没有直接的、必然的联系,它们之间的联系是任

---

① 钱冠连(1993):13
② 王京平(2003):74

意的,或者说是约定俗成的。①

因此,语言能指与所指之间的关系是不可论证的,符号载体与概念之间不存在必然的联系。这种任意性,使得语言的符号形式(能指)与其意义(所指)之间产生了分离,即言意分离。意义的产生不是以符号形式为基础(不排除语言符号中存在形式与意义一致的现象:象形字),而是取决于语言交际中各个因素。

3.2.2 语言符号的多义性

Russell(罗素)指出:一个词的意义不是绝对确定的:常有一种或大或小的程度上的模糊。意义是一种面积,像一个靶子:它已有一个靶心,但靶子外围的部分仍然是或多或少在这种意义之内,当我们远离靶心时,这种意义便处于一种逐渐减少的程度中。当语言发展得更为正确,靶心外的靶子便愈小,而靶心自身也变得愈小,但是无论怎么小——都会转绕着它。② 由此可见,语言符号的意义是一个范畴化的体系,其中最具代表性的符号意义为原型,而与此同时存在大量与原型符号意义相似又有一定疏离关系的意义范畴。因此,这些意义往往是模糊的。意义的模糊性常常导致多义甚至是歧义。如:下面关于 Zeitung 一词:

例 37:③

Die Zeitung wurde verbrannt. (Exemplar)

Die Zeitung ist heute langweilig. (Inhalt)

Die Zeitung wird noch ausgeliefert. (Ausgabe)

Die Zeitung erscheint täglich. (Publikation)

Die Zeitung hat Hans entlassen. (Institution)

Die Zeitung ist ein Massenmedien. (Publikation)

---

① 黄华新,陈宗明(2004):135
② 罗素(2009):145
③ www. Uni‑leipzig. de/‑doeling/veranstaltungen/semprag4. pdf

>>> 3. 语境中说话人隐含意义研究的理论基础

　　语言符号的多义性既是语言的缺陷,同时又是其优势。原因在于:不同的语篇和语境对话语的清晰度有完全不同的要求。对于法律和科学文本,语言意义清晰,没有歧义是其根本。因此,语言符号的多义在这里是需要克服的。然而,符号的多义性有时也可以成为一种有意为之的话语手段和修辞技巧,如:讽刺性的语篇、抒情性的语篇以及特定的心理介入的会话语篇。大量的笑话、文字游戏以及幽默性与讽刺性的表达都是根植于语言符号的多义性。符号的多义性是不可避免的,对于说话人而言,它只能是有意为之或是无意获得。语言符号的多义性可以表现为:

1) 词汇多义(lexikalische Mehrdeutigkeit)

例38:[1]

Schimmel 一词既可以指 Pferd 也可以指 Pilz。

例39:

Das Auto wird das Hindernis umfahren.

umfahren 一词的多义使上面的句子可能会出现以下两种意义:

a. Das Auto weicht aus und fährt das Hindernis um.

b. Das Auto weicht nicht aus und fährt das Hindernis um.

　　语言符号的多义性常常需要借助句法和语义甚至是语用来确定。如:

例40:

1916 erkrankte Ravel an der Ruhr.

　　Ruhr 的多义性导致了句子意义模糊。Ruhr 既是一种疾病的名称,同时也是一条河流的名称。因此句子意义就有可能是:

Ravel litt an einer Durchfallerkrankung namens Ruhr.

Ravel erkrankte an einem nicht näher bestimmten Leiden, dies geschah am Fluss Ruhr.

---

[1]　例38 - 例43 引自:www.wikipedia.de/Mehrdeutigkeit。

63

这里词汇的模糊性借助相应的历史语境就会清晰。1916 年，Ravel 在离鲁尔河很远的前线。因此应该取第一句的意义。

此外，词汇多义往往可以带来幽默的话语效果。

例 41：

— Bist du per Anhalter gekommen?

— Wieso?

— Du siehst so mitgenommen aus.

这里利用了 per Anhalter 的两重含义：

Zu viele Stoppschilder bringen den Fahrer zum Rasen.

2）句法多义性（Syntaktische Mehrdeutigkeit）

例 42：

标题 Eisprinzessin verzaubert.

a. Die Eisprinzessin verzaubert andere Personen, zum Beispiel das Publikum.

b. Die Eisprinzessin ist es, die von einer anderen Personen verzaubert wurde.

这种多义性就需要借助后面的语篇来进一步确定。

3）结构多义性（strukturelle Mehrdeutigkeit）

例 43：

das Bauernopfer（Wird der Bauer geopfert oder bringt er ein Opfer?）

der Mauerfall（Fällt die Mauer oder fällt etwas oder jemand von der Mauer?）

der Fenstersturz（Stürzt ein Fenster oder stürzt etwas oder jemand aus einem Fenster?）

der Bocksprung（Springt jemand über den Bock oder der Bock selbst?）

4）谐音带来的多义与歧义

a. 同音异形词（Homonymie）衍生的多义。

发音相同，但是词形与词义不同的词汇往往可以通过词汇的双关性来生成特有的含义。这里多义只会出现在口语。因为在书面语中,词形的差异会排除语音相同带来的歧义。

例44:①

Wenn es Häute(heute)regnet,wird das Leder billig.

例45:

Der Tänzer soll die Tänzerin fair führen.

Der Tänzer soll die Tänzerin verführen.

例46:

Er hat in Havanna liebe Genossen.

Er hat in Havanna Liebe genossen.

例47:

Der Gefangene floh.

Der gefangene Floh (Der Gefangene namens Flo, Flo ist Kurzform zu Florian.)

b. 同形异音词(Homographie)衍生的多义。

例48:

Sie rasten(ruhen) – sie rasten(fuhren schnell)

语言符号意义的开放性、多义性以及歧义性使得意义呈现出无尽的多样性和复杂性。意义由此可以划分为内涵意义和外延意义;理性意义和情感意义;指称意义和情境意义;现实意义与联想意义等等。语言符号的多义性和意义的多样性为说话人隐含意义的生成和理解提供了坚实的基础,从而使隐含意义可以在不同语境中得以建构。

3.2.3 语言符号的三个层面:意谓–意义–意象

语言哲学和分析哲学的创始人 Friedrich Ludwig Gottlob Frege 在其

---

① 例44 – 例48 引自:www. wikipedia. de/Homonymie.

《论意义和意谓》一书中对语言符号的意义问题进行了深入探讨。他认为:符号首先包含两个要素:指称的对象(即指称)和蕴含的意义(即意义或含义)。指称对象涉及的只有真假,而符号意义涉及是内涵。① 如:"飞马"这个词,其指称对象显然是不存在的,因此它是假的。而飞马这个语言符号却存在且会在不同的语境中(如:童话中)产生意义。

在句子层面,Frege 指出:句子的意义是它的思想,句子的意谓是它的真值。借助下面这个图表,可以更加深入地理解意义 - 意谓的关系。②

句子	专名	概念词
句子的意义(思想)	专名的意义	概念词的意义
句子的意谓(真值)	专名的意谓(对象)	概念词的意谓处于概念下的对象(概念)

图表5:1891年Frege在给胡塞尔的信中用图表说明其意义和意味的理论

在明确区分意义与意谓的基础上,还应该将与符号相关联的"意象"同"意义和意谓"区分开。这是因为:

1)同一意义对不同主体会产生不同的意象;

2)同一个主体在不同的情况下也会对同一意义有不同的意象;

概括起来,可以将意谓 - 意义 - 意象三者的关系理解为:意谓涉及的是对象,而意义是对对象的解释,而意象则是对这一解释的理解。

为了进一步辨明这三者的关系,我们先举个简单的例子:红色这个词的意谓是:物理学中的一种色彩。意义则是:像鲜血和石榴花的颜色。对其意象不同人的理解可能是:有人认为喜庆、有人认为血腥、有人认为热烈。

接着,我们还是引用前面举过的例子:Es ist gleich fünf. 这个句子的意谓:客观上时间就要到五点了。而其意义是:马上五点了。而究其意象

---

① 弗雷格(2001):30
② 弗雷格(2001):33 - 42

则有可能是:在特定语境中可能是发出一种结束会议的信号,也可能是敦促对方回家等等。意象是认知主体对话语意图的理解。Es ist gleich fünf. 意象也有可能是:五点了,该吃饭了;五点了该看电视了等等。

由此可见:意义和意象是不稳定的,意义受制于交际语境,而意象受制于交际个体的认知。意义和意象的不稳定为隐含意义的解释了提供了坚实的理论依据。话语意义和意象在广义的语境中得到生发和迁移,生成了无尽的隐含意义。

主体对话语的理解会为意义附加无数、无限、无尽的隐含意义。从这个意义上来看,隐含意义是受话者的意义,是受话者对话语产生意象,对话语意义的理解。因此,隐含意义不仅仅是说话者有意为之的话语行为和策略,同时更是受话者在不同语境中的对话语的认知方式与结果。受话者认知的隐含意义是话语的意象,而意象是受主体自身客观状态和主观认知制约,它浸润着主体的感情。

3.2.4　符号意义的语境依附性

皮尔斯认为:符号意义是在认知主体与客观世界的交互作用中产生。他曾指出"除非我们将指称对象通过集体意识联系起来,不然它们不可能具有意义"。[①] 这里的集体意识可以理解为是符号使用者关于生活世界的知识积累,它主要来源于符号使用者的集体生活。因而,符号的意义具有开放性。

符号意义的开放性使由语言符号承载的言语交际在具体的"集体意识"(语境)中生成无限的隐含意义。从这个意义上来看,符号意义的开放性是隐含意义产生的基础。这里语境可以理解为符号使用的情境,是交际过程中符号使用者之间运用符号传达思想感情的具体环境。

我国语言学家李福印在总结前人对意义界定和划分的基础上提出了

---

① 引自:黄华新,陈宗明(2004):141

意义五要素说:对象、概念、符号、使用者、语境。并对意义的理解过程做出了一般性的描述。他指出:

首先,人们是通过对大量的客观对象(A:对象,即客观事物)的范畴化及概念化形成概念的。概念(B:概念)存在于人的思维中,并通过各种认知过程进行符号化,形成语言系统(C:符号)。人们(D:使用者)再使用这些符号来表达处于某时空(E:语境)中的客观对象(A:对象)。整个过程的顺序为 A – B – C – D – E。① A – B 过程经历了高度抽象化的过程,是信息量丢失的过程。B – C 过程再次经历信息量丢失。因此语言使用者使用高度抽象化的符号,只能借助语境才有可能完全表达自己的意图。

Weisst du, wie spät es ist? 在不同语境中存在不同的意义:可以是询问时间,也可以是提出批评、要求、警告、指示等等。我们甚至无法确定这个句子到底有多少种意义,因为在不同的语境中,句子很可能就会产生新的意象,因而也就产生了不同的隐含意义。

意义不确定性和开放性无疑会导致很难界定意义。在这种认识下,语言符号的意义似乎成为一个完全开放的体系。然而,需要指出的是,语言符号意义的开放性并不意味着意义是飘忽不定、无法确定。相反,符号意义首先是通过约定确立的,这就意味着话语者按照约定使用语言符号表示一定的社会现实。然而,这一语言团体中的成员可以将现有的表达赋予新的意义(当然这种赋义不是任意的,否则就会引起歧义或无法理解。赋义是极其复杂的。在这里先不做讨论)。因此,每个成员也可以以同一话语来表达不同的含义。人们甚至可以用同一个语言符号来向他人传递截然相反的含义(如:反语)。

---

① 李福印(2007):61

3.3　心理学基础

现代语言学认为:语言意义的研究离不开其心理机制的挖掘。在语言意义的生成和理解过程中,认知发挥着巨大作用。认知是指人获得知识或学习的过程,是人对客观世界感知和经验的结果。而认知起源于主客体之间的相互作用。认知建构是后天的建构,来源于后天的经验、活动和实践。

3.3.1　认知激活并建构意义

认知语言学的哲学基础是经验主义,其强调:人的经验和认知能力在语言使用和理解中的作用。没有独立于人认知以外的意义,也没有独立于人的认知以外的客观真理。语言不是封闭的、自足的体系,而是开放的、依赖性的,是客观现实、社会文化、生理基础、认知能力等各种因素综合的产物。①

语言的意义无法也不可能先天设定,而是在具体的语言实践中经认知主体选择、组装和创造的结果。话语表达和理解过程是编码和解码的过程。在这两个过程中都要依靠认知主体思维中存在的知识和经验的概念结构。在交际中,当交际者受到某一刺激(语言或非语言)时,特定的概念结构就会被激活,思维中该概念由潜在状态转向显性状态。然后激活的点就会不断向外扩散。创造新的语义连接关系,即所谓的激活扩散模型(Spreading Activation Model)。因此,说话者会有意地选择某些语言符号去激活听话者的概念结构,说话者的编码过程也是随着交际阶段和语境不断进行调节的动态过程。由于一个概念的启动会导致相关联的概

---

① 赵艳芳(2001):7

念的激活,所以话语能发挥借代功能,一个概念能够借代另一个相关联的概念。讲话人不必面面俱到、彻头彻尾、滴水不漏地将相关概念系统的细节全部交代清楚,而只需要选取概念系统的激活点,进行跳跃式地、蜻蜓点水式地触动听话人概念系统的网络。概念结构体现在文字中的部分很少,其大部分都隐匿于文字之外。① 因此,隐含意义就是说话人借助语言形式,选择性的刺激受话人的认知结构,结合语境对刺激的扩散作用,从而使受话人可以理解其意义。

概念结构的激活是话语意义理解的关键。按照心理学的观点,话语者结合语境生成和理解话语的过程是一种统觉过程。统觉:将当前事物的心理活动同已有知识经验相联系、融合、从而更明显地理解事物意义的现象。② 交际者之间的统觉内容共同部分越大,双方理解就越容易;而谈话双方的统觉内容差异越大,他们之间相互理解也就越困难。

因此,隐含意义的生成与理解在于认知者的建构,依赖于语境的开放与动态建构,依赖于语言符号每次出现时在语言接受者心中唤起的概念结构。

3.3.2 完形理论下的隐含意义:隐含意义是一种联想思维认知过程

格式塔理论认为:个人的行为不是对外界刺激的一种孤立的、简单的反应,也不是许多反射弧机械的总和,它是通过心理物理场,特别是认知活动的整合而做出的。③ 人的感知具有格式塔特性,即整体大于部分之和的特性。刺激信号所代表的信息与记忆中存储的概念结构进行双向互动和复合而产生格式塔现象。④

---

① 蒋勇(2000):1-2
② 孙淑芳(2001):55
③ 肖旭(2008):34
④ 蒋勇,马玉蕾(2001):31

>>> 3. 语境中说话人隐含意义研究的理论基础

格式塔心理学中的完形理论提出了认知的五大原则：

1）相似性原则（Gesetz des Similarität）：相似性的事物趋于被认知为一个整体；

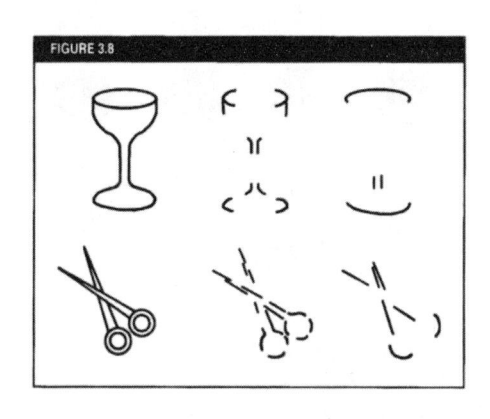

图表 6　相似性原则

2）接近性原则（Gesetz der Kontiguität）：距离相近的事物趋于被认知为一个整体；

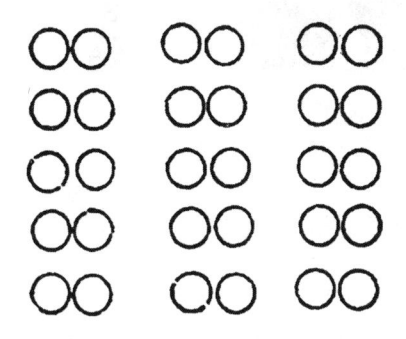

图表 7　接近性原则

71

3) 连续性原则(Gesetz der Kontinuität):彼此连续性的事物趋于被认知为一个整体;

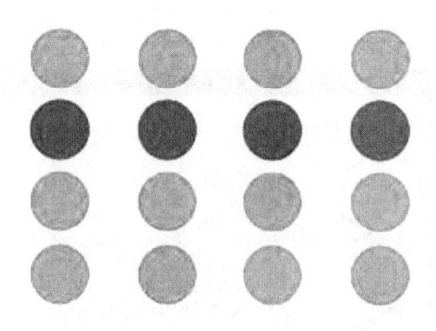

图表 8　连续性原则

4) 角色与背景分离原则(Gesetz der Segregation von Figur – Grund):

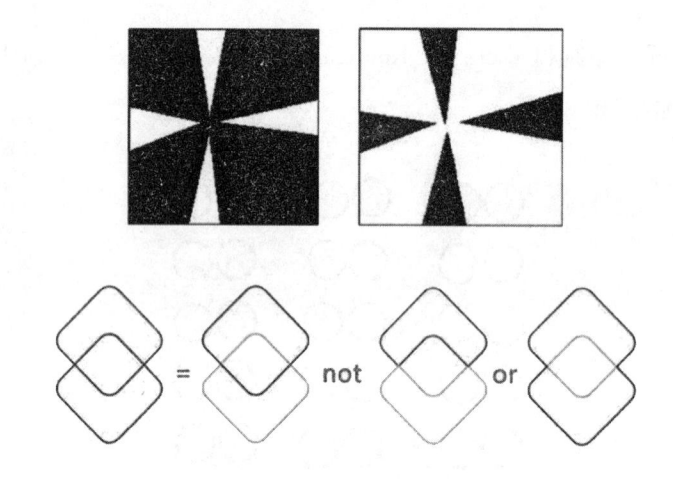

图表 9　角色与背景分离原则

5）超合性原则（Gesetz der Übersummativität）

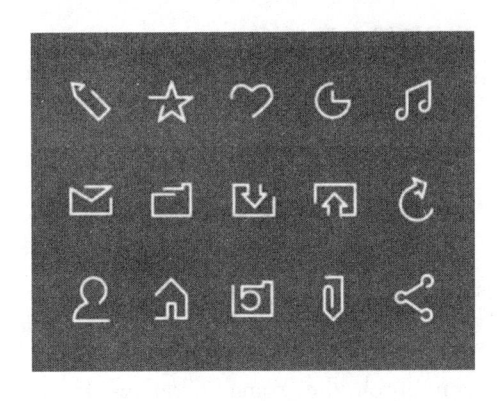

图表 10　超合性原则

格式塔心理学的五大法则揭示了人类认知世界的重要规律：相似的、接近的、存在关系的事物趋向于被理解为一个整体。换而言之，在人类的认知过程中，人们趋向于将具有相似性、接近性、存在联系的事物联想在一起，即所谓的相似性联想、接近联想、关系联想。

隐含意义生成和理解的过程是不同联想方式发挥作用的过程。联想以语言形式为基础和起点，通过各种联想方式可以使一定的语言形式在语境中与话语的隐含意图和说话者的主观意义建立种种关联，从而可以生成和理解不同的隐含意义。为此，在后文将深入探讨隐含意义的推导。

3.4　社会学基础

思维可以是个人的，但语言必定是社会的。语言离不开社会，社会存在与发展也无法脱离语言。语言行为是社会行为，这是因为人们不仅用语言在社会中"做事情"，而且讲话时所选择的语码本身就是一种维持和改变人与人之间关系的社会行为。因此，社会关系成了影响言语交际的重要因素。

3.4.1 语用距离与隐含意义

人是社会性动物,每个人都不可避免地处于各种复杂的社会关系中。个人要在复杂的社会中生存发展,就必须扮演好自己的角色。Balog 认为:

Rolle ist intentional realisierte, mehrstufige Handlung, eine Verbindung einer sozialen Identität und Einzelhandlung. ①

言语活动在交际行为理论范畴被视为实现角色期待(Realisierung von Rollenerwartungen durch die kommunikatives Handeln)的角色行为(Rollenhandeln)。

同一个人在不同角色行为中存在不同角色面(Rollenaspekt)。不同的角色面在同一交际行为中是交叉的。Gerhard 认为角色面可以分为②:

1) Situationsunabhängige Rollen: Es handelt sich um einen Rollenaspekt, der unabhängig von den speziellen Setting – Bedingungen berücksichtigt werden muss.

2) Statusrollen: Der Status der Teilnehmer lässt sich einmal in Bezug auf das situative Setting definieren. Dabei ist es möglich, dass eine Person auch mehrere dieser Statusrollen gleichzeitig in sich vereinen kann.

3) Interaktionsrollen: Bei diesem Rollenaspekt handelt es sich um die Rollenverteilung.

由此可见,角色面是一种静态角色期待与动态角色期待相互融合的体系。在言语交际中,交际者会根据角色面的不断定位来选择和确定语言的策略与形式。

此外,角色行为也是一种交互性的角色期待行为。

Rollenhandeln läßt sich dabei unter dem Aspekt der Rollenerwartungen,

---

① Balog (1989):111
② Gerhard(1971):45

die die Interaktanten sich gegenseitig entgegenbringen, ebenso charakterisieren, wie unter dem der Selbstdarstellung. D. h. dass Interaktanten das Verhalten der anderen auf dem Hintergrund unterschiedlicher Rollenerwartungen, die sie an diese richten, interpretieren, wie auch, dass ihr eigenes Handeln jene Rollenkonzeption wiederspiegelt, die sie von sich selbst haben. ①

因此,角色期待是一种交互性的期待,既包括说话人在当前交际环境中对个人角色的认知,同时也包含受话者对说话人角色行为的理解。

角色面和角色期待是交际者进行交际的参照体系。交际的过程是交际者不断以特定语言形式实现角色认知和角色期待过程。话语者对交际语境中彼此角色期待的认知反映是对交际者之间权势量和共聚量的差异的认知。

社会心理学家罗杰·布朗(Roger Brown)将权势量(power)和共聚量(solidarity)②两个概念引入社会语言学。

每个人在社会生活中都与他人形成不同的社会关系。如上下级关系、长幼关系等。社会关系主要体现为对称关系和不对称关系,其中对称关系体现为统一关系,不对称关系主要表现为权势关系,也称之为权势量,它是指说话人与受话人之间的地位差别的大小,地位高的人权势量大。而权势关系则是影响语言结构最主要的社会结构。③ 人与人之间的权势关系并不完全取决于社会分层,每个人都有其特定的权势级别。由于性别、年龄、受教育程度、经济状况等一系列因素的差异,任何两个人之间都可能存在权势关系。

共聚量:说话人与听话人之间的社会差距的大小,侧重于双方的共同点,即双方在各种社会条件方面有多少共同点。④

---

① Gruber (1996):47
② Brown/Gilman (1960),引自:徐大明,陶红印(1997):97
③ 徐大明,陶红印(1997):97
④ 同上

权势量和共聚量决定交际双方怎样言语,决定交际时言语的舒适或顺应程度,同时也决定言语交际时说话人所受的限制或拥有的自由。①

因此,权势量和共聚量是人们在交际时选择话语方式的参照系,决定了话语方式是间接还是直接,是委婉还是直白。权势量和共聚量构成语言学中的语用距离。语用距离是影响话语方式的核心因素。语用距离是指交际双方在特定的交际环境中所感知和确认的彼此之间的关系密切程度,也被称为语用亲密度。交际双方的语用距离越近(关系密切程度越高),对语言间接和隐含性的要求就越低;交际双方的语用距离越远(关系密切程度越低),对语言的间接和隐含性的要求就越高。因此,隐含意义是话语者出于与受众不同的社会语用距离权衡后的话语方式与策略。

3.4.2 自我保护与回避禁忌

良言一句三冬暖,恶语伤人六月寒。个人作为处于错综社会关系网络的一分子,慎言是极其重要的。言语伤人常常给言语者招来灾祸。我们汉语中的"祸从口出"便是真实写照。束定芳认为:"人们在交际过程中,更多地考虑自己的社会地位和身份,竭力在语言表达中保护自己的利益,保持自己的尊严,不要用粗俗的字眼或表达来谈论有关事物,尽量用好的字眼来描述自己或与自己有关的人或事物。"②因此,通过含蓄、委婉、间接来传达意义就成为自我保护的言语策略。意义的含蓄、迂回有效地避免了直言伤人,同时减少与他人观点与情感的对立和分歧,从而保护了自我。

此外,每一种语言文化中都会存在各种相同或者完全不同的禁忌。对鬼神、肮脏的、令人感到羞耻的事实人们往往不愿提及,但是不得不提及时,隐含性的语言表达可以增加话语的可接受程度,在不冒犯受话者的

---

① 徐大明,陶红印(1997):97
② 束定芳(1989):28-34

同时又能成功地实现交际目的,顺应了人们的避讳、求吉和求雅的心理。① 因此,隐含意义就成为通过避讳禁忌来进行自我保护的有效途径。

委婉、含蓄、简练的隐含性话语可以间接、准确、礼貌地表达自己的意图和情感,既保全了交际各方的面子,又可以最大限度地维护自身的利益,因而,选择隐含性的话语表达是说话人在言语中权衡社会关系、有效保护自我的客观需要。

3.5 美学基础

美学是研究人与现实之间审美关系的科学。美是语言体系的固有属性。语言和人们对它所产生的审美认知,组成了一对主体与客体的审美关系。②

3.5.1 语言是一种审美活动

语言的使用过程是审美选择的过程。话语者选择与语境和语用意图吻合的语言形式来实现其话语目的,这个选择过程本身就是审美价值判断过程。为了追求美,话语者需要在言语活动中不断地进行选择。

语言使用包含两种选择过程:其一是发话人为了使话语与话语目的和环境相互适应而做出的选择,可以称之为适应选择。其二是发话人为了让话语接受人得到能引起美感的语言实体而做出的选择,是语言的审美选择。③ 其中的审美选择主要从以下两个层次进行甄别:

1) 语言的形式美,具体指语言音韵节奏和词法、句法结构的整齐、统一或是适度的变化;

---

① 聂玉景(2012):198
② 钱冠连(1993):16
③ 钱冠连(1993):18

2)语言的内容美,即话语传达的意象美,也就是话语创造了激发人们审美体验的意象。就隐含意义而言,其意象之美在于偏离和迁移,即语言的意义与意向偏移之美。正如前文所述,语言活动具有目的意向性,而话语的形式或表层含义与其表达的交际目的常常存在偏移,这种曲折、偏移的过程在认知中同样具有无限的审美价值。

3.5.2 说话人隐含意义的美学意义

1) 变异之美

变异就是对语言常规形式的改变,言语活动中的求新、求变的行为。变异不是物理的和生理的信息得到准确的再现,而是物理的和生理的信息与人特有的情感信息发生的特异重组,美就孕育在这内外信息的重组过程中。[1]

语言变异是把内部抽象的情感体验转化为具象性的外部感觉。较之于隐含性的语言,直接的语言虽然能较为准确地再现现实世界,但是会过滤了认知主体独特的感情体验,因而缺乏鲜活性。隐含意义是说写者在特定的语境中,对语言形式的巧妙变异而成的。通过语言的变异使用产生了新的审美过程和审美价值判断。语言形式本身的适度变异能够产生交际模式、思维逻辑的变换,使视听者从同一语言形式的字面逻辑中平行地延伸出另一层逻辑相关而所指不同的隐含意义,从而获得新的审美体验。

2) 多样性之美

同样的交际意图选择不同的语言形式,同样的语言形式可以传递不同的交际意图正是语言的多样性之美。美学的审美理想就是从多样性中寻求统一性,从统一性中演绎多样性。这种多样性是蕴涵统一性的多样性。它们并不是杂乱无章,而是在语言表达规律限制下的多样。因此,隐

---

[1] 钱冠连(1993):315

含意义是语言表达多样性的客观需要。

3）含蓄隐含之美

含蓄美产生的心理机制就是格式塔心理学派强调的"简化"。格式塔心理学家的实验证明,人作为有机体,其内部有一种能动地自我调节的倾向,即有机体总是最大限度地追求内在的平衡感。当人们面对刺激物时,由于刺激物的非平衡结构破坏了人的内在平衡感,就会激起一种改造刺激物,使之达到与内在平衡相对应的平衡。这种自我调节活动遵循的就是简化原则。① 隐含意义的表达含蓄、曲折、隐含迫使接受者需要思而后得,从而较直接的言语表达方式更易产生审美感受。

爱美之心人皆有之,含蓄之美、间接之美,语言陌生化带来的美感正是隐含意义的美学基础。

---

① 刘金文(2003):16

4. 语境触发的说话人隐含意义的建构手段

4.1 语境的线索功能:语境对话语隐含意义生成的制约

在交际中,意义完全外显的不可能决定了必须借助某种方式和手段补充隐藏在话语表征下面的未尽之意。① 语言表述的过程是意义的传递和诠释过程。德国语言学家 Ulrich 认为言语活动是:

1) das Sprechereignis unter bestimmten situativen Bedingungen;

2) sprachliche Äußerung als sozialer Handlungsvollzug in gegebenem situativen Kontext.②

由此可见,situativer Kontext(语境)对意义的生成和理解至关重要。语境是一个信息系统,是各种信息的复合体系,是随着语言交际进行不断变动、重组和融合的系统。

语境研究的重点是分析考察语境中不同要素对意义建构和诠释的影响。为此不同的学者提出了对语境的不同划分。Gruber 认为:

Kontext ist jede relevante Hintergrundinformation über Sprecher, Situa-

---

① 周淑萍(2011):178
② Ulrich (2002):253

tion, Hintergrundwissen usw., die zu einem möglichst umfassenden Verständnis der sprachlichen Interaktion beiträgt.①

我国学者何兆熊认为语境分为:语言外知识和语言内知识。

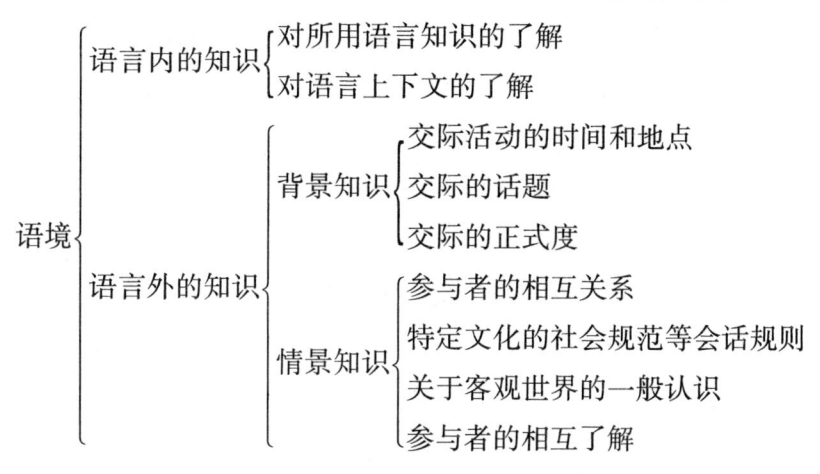

语境 { 语言内的知识 { 对所用语言知识的了解 / 对语言上下文的了解

语言外的知识 { 背景知识 { 交际活动的时间和地点 / 交际的话题 / 交际的正式度

情景知识 { 参与者的相互关系 / 特定文化的社会规范等会话规则 / 关于客观世界的一般认识 / 参与者的相互了解

图表 11 何兆熊对语境要素的划分②

在交际过程中,意义的生成是语境中诸要素综合作用的结果。为此,Gumperz 提出了语境化线索。语境化线索是语言形式的任何特征,它有助于表示语境预设。③ 随着研究的深入,语境化线索进一步涵盖那些可以表达命题态度和寓意、可以促成和诠释话语意义的任何非语言信号及某些可知事实。④

因此,意义的获得过程是通过激活语篇中的语言形式和非语言形式的线索,经由交际者认知激活获得框架知识,同时借助语境的功能,运用认知和推理机制最终获得。⑤

语境线索从本质上来看,反映的是交际过程中一切有助于话语意义

---

① Gruber(1996):43
② 何兆熊(1987):8-12
③ vgl. Gumperz(1982):131
④ 周淑萍(2011):182
⑤ 周淑萍(2011):184

生成和理解的信息,这些信息往往表现为多种类型和来源的信息复合体。复合信息体中的某一个信息点起到主要触发的作用,它激活了意义理解的起点,紧接着被激活的信息线索点会触发与之关联的其他信息,从而最终完成信息的连接和意义的理解。语境信息线索可以大致分为语言手段触发的语境线索和非语言手段触发的语境线索。在隐含意义的建构过程中,往往表现为语言手段与非语言手段综合运用建构出复合性的语境线索。

4.1.1　隐含语义在语境线索中得到限定

例49：Heute ist Sonntag.

语言手段触发的语境线索：Sonntag 往往与休息、休闲、特定的活动安排联系。Sonntag 构建出语境的基本框架线索。紧接着,交际双方所处的客观环境中某个或某些事实构成了新的、补充性的语境线索,从而触发隐含意义。

非语言手段语境线索1：一对夫妇,丈夫每天工作很忙,早出晚归,当妻子出于关心说出：Heute ist Sonntag. 那么表达的隐含意义就是：周末了,好好休息一下吧。表达了劝告。

非语言语境线索2：同样是一对夫妇,他们有周末大扫除的惯例。当妻子发现丈夫不干活,而在看球赛时,那么她的话 Heute ist Sonntag. 就可能变成了一种命令：该干活了。甚至是指责。

非语言语境线索3：还是上面的那对夫妇,周日妻子提着篮子准备去超市购物,当丈夫说出：Heute ist Sonntag. 就成为一种提示,周日超市不开门。

因此,语言手段与非语言手段共同建构的语境线索完成了隐含语义的生成和诠释。

4.1.2 话语中的隐性逻辑关系在语境线索中显性化

例50：①

Claudia:Was meint du wohl,wer das Stipendium für Berkeley②bekommen hat?

Dietmar:Ernst war vorhin sehr euphorisch,als ich ihn getroffen habe.

表面看来,Dietmar的话并不是对前面问题的回答,因为Claudia并不是想知道wer gerade euphorisch ist。然而,通过语言手段(词汇)das Stipendium für Berkeley激活了相应的非语言语境线索:Wenn man ein Stipendium für Berkeley erhält,reagiert man oft euphorisch。

借助语境线索可以推出:Ernst war vorhin sehr euphorisch. Infolgedessen hat er vermutlich das Stipendium bekommen.

可以看出,在上述思维加工过程中,Claudia将Dietmar的答语作为整个逻辑关系中的一部分,依赖语境线索完成了问与答之间的逻辑关系建构。

4.1.3 话语中的隐喻本体在语境线索中具体化

例51：③

当某个刚参加完Party的大学生对他朋友说：

Gestern auf der Studentenparty waren nur Perlhühner!

语言语境线索:Perlhühner本义是珍珠鸡,珍珠鸡的羽毛光鲜;

非语言语境线索1:由羽毛的光鲜联想到衣着的光鲜;

非语言语境线索2:Huhn在德语文化中指人暗含贬义。

因此,Perlhuhn这里特指那些在学生聚会上出现的带着显眼刺目的

---

① http://tuprints.ulb.tu-darmstadt.de/331/1/DissHandl.pdf
② 作者注:Stipendium für Berkeley是美国加州大学伯克利分校的奖学金。
③ 张勇(2012):46

珍珠项链和耳坠儿,穿着漆皮夹克或闪亮外套的女孩,她们大多数行为举止傲慢自大,以此向别人表示自己来自富裕家庭和受过良好的高等教育。①

例 52:

Die Zeit ist gekommen, dass wir in der EU einander verzeihen und vergeben. Wenn wir damit zu lange warten, werden wir womöglich keine Zeit mehr haben, das Haus in Ordnung zu bringen. (Der Spiegel, Nr. 48/26. 11. 12. S. 109)

语言语境线索:Haus in Ordnung bringen 收拾、打扫、整理房子;

非语言语境线索:欧债危机中,欧洲大国对希腊等国的危机困境不管不顾,任由危机肆虐(语篇语境信息和受话者的社会语境信息)。

因此,这里的 Haus in Ordnung bringen 应该理解为:欧洲各国齐心协力共同应对(清理)欧债危机带来的困境。

4.1.4　话语中的不确定所指在语境线索中显性化

例 53:

Thema: Israels Präsident Schimon Peres widerspricht der Kritik seines Premiers: Er lobt Angela Merkel, findet die Uno – Aufnahme Palästinas nicht schlimm und will den Friedensprozess wiederbelebt – ohne Vorbedingungen und Vorwürfe.

(Der Spiegel, Nr. 50/10. 12. 12. S. 107)

Spiegel:Man kann Ihren ewigen Optimismus auch als Feigenblatt für eine wenig kompromissbereite Regierung verstehen.

Peres:Solche Beschuldigungen sind Unsinn. In meiner langen politischen Karriere habe ich daran mitgearbeitet, unglaubliche Dinge für mein Land zu

---

① 张勇(2012):46

erreichen. Keine Feigenblätter – ich habe Feigen, richtige Früchte hervorgebracht.

非语言语境线索:对以色列总统西蒙·佩雷斯生平的了解。

语言语境线索:该采访的前文涉及中东问题。

因此,佩雷斯话语中 unglaubliche Dinge 借助非语言语境线索以及语言语境线索得到了诠释:以色列总统佩雷斯促成以色列分别同巴勒斯坦和约旦达成和平协议,推动了中东和平进程。

4.1.5 语义在语境线索中发生偏移

例 54:①

Wenn er den ganzen Tag telefoniert, muss er sich über die hohe Telefonrechnung nicht wundern.

语言语境线索:telefonieren, Telefonrechnung

非语言语境线索:受话者一直在打电话。

经过语境线索的激活和过滤可以得出:说话人并不是要告知对方:如果一整天打电话,那么就一定会产生高额的电话费。而是有可能以此来表达:对其长时间打电话一种警告、指责甚至是批评。这段话的交际效果在于:话语表达中所蕴含的特定期待。

例 55:②

非语言语境线索:A 半夜听到家里有响动,悄悄起身,发现房门口有贼,立刻拿起电话准备报警。这时,突然感到腰间有个坚硬的东西顶着。

语言语境线索:紧接着有个人在背后说:Ich würde Ihnen empfehlen, den Hörer schön wieder auf die Gabel zurückzulegen.

句子的字面意义似乎是一种建议,然而结合上述具体语境来考察的话,从贼与受害人 A 的关系而言,贼不可能对 A 提出建议;因此,很容易

---

① Rolf (1994):128
② Rolf (1994):236

发现句子表达是一种威胁性的隐含意义。

例56：①

非语言语境线索：妻子和丈夫间的对话。妻子希望丈夫可以安排一次度假。

语言语境线索：Wir sind schon sechs Jahre verheiratet.

因此，这个句子表达的并不是陈述或告知，而有可能表达的是督促、抱怨或请求等等。

4.1.6 语义在语境线索中逆反

在语境中，话语可以表达与其字面意义截然相反的隐含意义。

例57：

非语言语境：外面下着大雨。

语言语境：说话人却说：Schönes Wetter.

当说话人故意使非语言手段建构的语境线索与语言手段建构的语境线索产生矛盾，就会出现语境的逆反功能，从而赋予表达与字面语义完全相反甚至是对立的隐含意义。

例58：②

非语言语境线索：酒吧即将打烊，服务生希望赶紧下班。

语言语境线索：酒吧服务生对顾客说 Möchten Sie noch eine Flasche?

很可能就是敦促顾客尽快离去，而不是希望他再来一瓶。

类似的例子还有：

例59：

在特定的语境线索中，下面的例子均可以表达与字面意义完全对立的隐含意义：③

---

① Rolf（1994）:238
② Rolf(1994):239
③ a) – g)例句引自：张勇(2012):48

<<< 4. 语境触发的说话人隐含意义的建构手段

a. Du bist ja superpünktlich. 你真是太准时了！（来的太迟了！）
b. Das hast du gut gemacht.！你干得太好了！（糟糕透了！）
c. Das ist aber am schönsten！这可太好了！（太糟糕了！）
d. Du bist entzückend！你真迷人。（淫荡）
e. Das ist total interessant！这太有趣了！（无聊）
f. Du bist mir ein rechter Held！你可真是个英雄！（胆小鬼）
g. Er ist zu stolz. 他骄傲得过头了。

语境线索并不能传递话语的全部意义，即使是语言语境线索也往往只是传递出句子的字面意义或者是表层含义；而其真正的功能在于激活与之相关的框架，从而完成意义的建构。

借助下面的图表，可以进一步明晰语境的线索模式①。

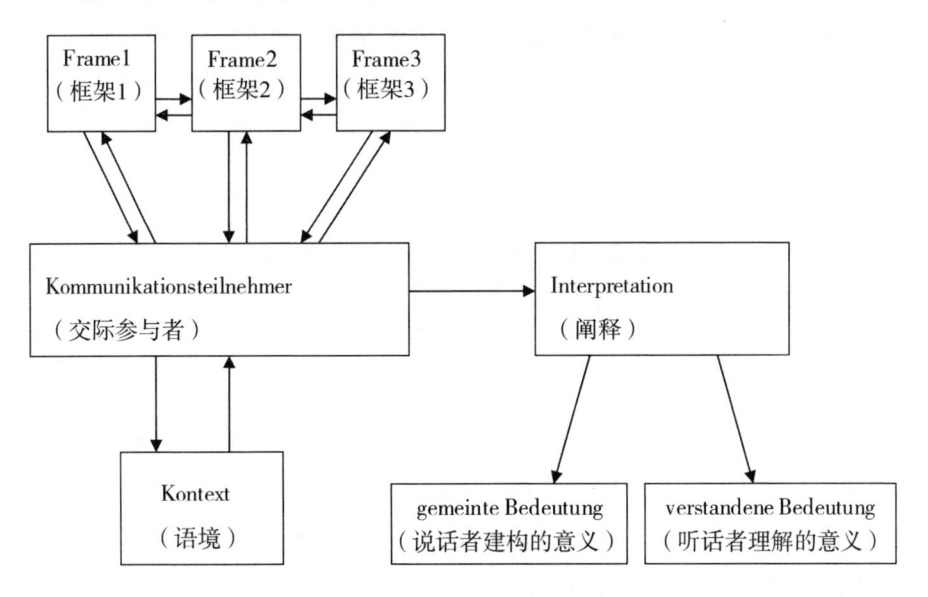

图表12 语境线索模式

通过上文的分析，可以得出，语境线索往往不是单一的，而是复合的，

---

① 引自：周淑萍(2012):183，本文作者对图表进行了修改。

87

即一系列的语境信息构成了语境线索链。语境线索链上的任何一点都可以触发与之相关的语义框架信息,从而激活了不同的框架 Frame 1,Frame 2,Frame 3……,形成了语义连接(信息),通过交际者的认知参与,不断相互重组加工。重组加工的过程不仅包含交际者与框架信息之间的互动,同时也包括框架信息之间的互动。通过互动产生了意义的连接,但是,这里的意义是经过交际者主观阐释(Interpretation)的意义,鉴于交际者的个体认知差异,其阐释的意义必然不可能完全相同,因此,就会出现说话者 gemeinte Bedeutung 与受话者 verstandene Bedeutung。交际中最为理想的状态是上述两种意义基本重合,这也是交际成功的前提;然而,在现实交际中,说话者的意义与受话者理解的意义产生偏差也时有发生,因而,不可避免的出现意义的曲解、不解甚至超解。

因此,任何词语和句子都是在一定的语境中运用的。语境与语义有十分密切的关系。任何语义都必须在一定的语境中才能得到实现;从不在任何语境中出现的语义是一种虚构。[①]

4.2 隐含意义的生成手段:韵律特征触发的说话人语境隐含意义

Schlagel 认为:所有的经验和知识都是相对于各种不同语境的,无论物理的、历史的、文化的和语言的,都是随语境而变化的。[②] 语境触发的隐含意义可以借助语言手段和非语言手段产生。本文主要考察各种语言手段对隐含意义生成的制约机制。因此,非语言手段尚未纳入本文的研究范畴。

说话人由于心理、生理以及物理上的原因造成不同人说话时的语音

[①] 石安石(1998):5
[②] vgl. Schlagel(1986):xxxi

各具特色,一方面它可以成为人的区别性语音特征,而另一方面它可能构成话语独特的语境隐含意义。

例60:Er ist klug.

是老师对学生的赞扬?还是老板对下属的揶揄?话语不同的韵律特征可以引发说话人语境中完全不同的隐含意义。

话语的韵律特征具有语境功能和语境意义。说话人使用韵律手段来传达语义的过程就是建构语境信息的过程。

Gumperz 认为语言的韵律特征包含:①

1)语调,即音节的音高以及音高变化的特征。

2)响度的变化。

3)重音。

4)词汇中元音长度的变化。

5)意群,通过停顿、加速、减速来切分和表现话语的"分块"结构。

6)语体的总体变化。

话语不同的韵律特征往往蕴含了说话人独特的语用意图和情感态度。因此,语言的韵律特征具有标记作用。Gumperz 的研究表明:它可以标记说话人的态度与情感、谈话的性质、话题切换以及释义的焦点等等。②

4.2.1 语调与重音

语调是话语非显性意义标记的常规手段。语调在交际中可以辅助建构语境,发挥语境的线索功能,凸显句子的未尽之意。Gumperz 认为:语调的意义好像是附着在旋律模式上的词汇意义。③

---

① 引自:周淑萍(2011):157
② vgl. Gumperz(1982):100
③ vgl. Gumperz(1982):100

话语的弦外之音 >>>

Essen 将德语中的语调划分为三类:①

1) 末端语调(terminale Intonation) – (fallende Intonation), 主要应用于:表达陈述、要求、宣告、打招呼、补充问句、间接引语等。

2) 渐进语调(progrediente Intonation) – (gehobene Stimme)主要用于:非完整的话语部分,且后面紧随话语的重点。

3) 疑问语调(interrogative Intonation) – (steigende Intonation), 主要用于:选择问句和追问句中。

因此,一般认为,降调表示事实的陈述以及对事实的评价。而升调表示质疑,甚至是讽刺性的反语。然而,在实际语言交际中,语调在语境中往往是多变的,线形的升降调远远无法表达说话人预设的丰富的语境隐含意义。因此,语调的起伏辅助句子重音的变化成了建构话语语境意义的重要途径。

例61:②

Du wirst deinen Führerschein máchen. (Prognose)表达是一种推断;

Du wírst deinen Führerschein machen. (Befehl)表达是一种命令;

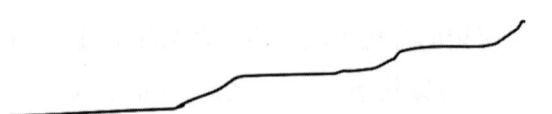

Du wirst deinen Führerschein machen? (Frage)表达是一种询问。

由此可见,语调和重音可以传达交际者语言深层的隐性关键信息:如

---

① vgl. Gilles(2005):18
② Sökeland(1980):72

意图与态度等。

例62：①

Das ist aber kalt hier.

如果是对温度的客观陈述，希望听者去关上窗户的话，或者是对天气冷的抱怨，句子的重音应该在 kalt 上。

而如果句子的重音落在 das 上，那么这样的陈述就会衍生出讽刺性的意义：这是什么鬼地方，冻死人了。

同样，鉴于语调和重音的差异，下面的同一个例句表达了完全不同的隐含意义。

例63：②

Was màchst du denn? 表达责备。

Was machst du dènn? 表达兴趣。

语调鉴于个体差异是极不稳定的语境隐性意义衍生手段。然而，事实上不难发现，语调还具有程式化的特征。即特定的语调适用于特定语境、特定语篇。表达悲伤与表达欣喜的韵律特征必然是迥然不同的。因此，语调具有语境预设功能，为听者划定一个理解话语的语境范畴与期待。③

4.2.2 特殊读法

所谓特殊读法，就是违背常规发音规则和语音习惯的读法。如：故意错读或拆分单词。需要强调的是，这种读法是说话人的意图性行为。借助特殊读法可以传递说话人独特的信息内容和语用意图，从而使受话者在相应的语境中轻易就可以辨识话语的隐含意义。如：

---

① Friedemann (1997):38
② Sökeland(1980):78-79
③ 周淑萍(2012):159

例64：①

Vater：Komm，wir kaufen den Kindern was！

Mutter：Gut，aber ich bin gegen E－I－S！

这里 Mutter 的话语中将 Eis 一词拆分读出，其意图是不想让孩子听出这个词，而引起孩子不必要的哭闹。因此，这样的拆分读法巧妙地传达了隐含意义，即：使话语信息尽可能地不直接被第三方辨识和理解。

4.2.3　语音偏离

语音偏离是指改变词汇或搭配中个别字母或发音。偏离的语音和拼写方式往往蕴含说写者独特的话语交际意图与效果的考量。最为常见的就是对名字、名称或特定搭配的语音改写。这种方式往往可以生成具有幽默、讽刺性的语境隐含意义。

例65：②

Volk der Dichter und Denker 变为 Volk der Richter und Henker：通过改写，Henker 的贬义经受话者借助原表达的关联直接附加在 Richter 之上，使话语的讽刺意味跃然而出。

例66：

Spaβkasse – Sparkasse ③

Sparkasse 广告语中巧妙地将 spar 改写为 spaβ，词语瞬间创设出了积极性的评价意义：Sparkasse 为您节省每一分钱，储蓄带来快乐。

4.2.4　音节切分

对音节不同的切分往往也是说话人意图性的话语行为，是说话人故意使话语模糊、歧义，以减弱对受话者的攻击和伤害，或者是为了避免说

---

① http://tuprints.ulb.tu－darmstadt.de/331/1/DissHandl.pdf
② http://de.wikipedia.org/wiki/Paragramm
③ 同上

话人自身因话语直接、清晰而带来的尴尬。

例67：①女孩对男朋友说：

Ich höre gerne Musik in meinem Mercedes, dafür brauche ich mehr CDs.

这里利用 mehr CDs 在口语中错误切分音节产生的 Mer－ce－des，可以表达说话人的隐含意义：希望男朋友给自己买一辆 Mercedes。Mercedes 是昂贵的汽车，这样提出要求不仅幽默、诙谐，而且避免了要求遭到拒绝时的尴尬。

例68：下面这两句话是对公司新进员工入职表现的评价，表达出评价人完全不同的态度：②

Er ist neugierig. 他是个对一切有兴趣，求知欲很强的人。对新人来说，求知欲是被期待的价值判断，因此传达了评价人对被评价人积极性的态度。

Er ist neu, gierig. 把 neugierig 拆分为 neu 与 gierig，二者的并列连续出现，形成了一种反差型的对比关系，neu 意味着是新人，人们对公司新人一般性的期待中不会含有 gierig（贪婪的），因此，衍生出话语的评价意义：对此人的表现不满。拆分前后实现了话语的意义由积极转为消极。因此，刻意地切分音节往往是话语者有意传达双关或掩盖消极评价意义的语音手段。

4.3　词汇作为语境线索触发的说话人隐含意义

Lapp 指出：

Als Kontrollinstanz ist die grammatisch determinierte lexikalische Bedeutung als Voraussetzung für nachfolgende kontextuelle Interpretation jedoch un-

---

① www.wikipedia.de/silbentrennung
② www.wikipedia.de/silbentrennung

话语的弦外之音 >>>

verzichtbar.① 由此可见,词汇同样具有语境触发功能。

借助词汇创设的语境线索可以激活受话人的语境信息,形成相互联系和制约的语境线索链。而这一链条在交际中,不断地建构和修正对话语意义的理解,逐步勾勒出说话人的话语意图和态度等人际意义的理解框架。因此,在话语表达中词汇的选择不可能是任意的,需要综合考虑和权衡语境中诸要素。

Die jeweilige Auswahl der Lexeme bei der Formulierung der Äußerungen hängt eng mit dem Thema, der Situation, dem Sprecher usw. zusammen. ②

从词汇角度研究话语隐含意义在传统研究中主要考察不同词类对意义的制约和影响作用,特别是:名词、动词、形容词以及小品词。本文从词法角度研究隐含意义生成,重点是探讨词汇的超常使用、变异使用以及新造词在语境中传达的说话人的隐含意义。

Polenz 认为:词汇的意义具有二维性。

Wörter haben nicht nur eine bestimmt lexikalische Bedeutung, sondern eine bei der Verwendung entstehende aktuelle Bedeutung. ③

其中词汇语境现实意义(aktuelle Bedeutung)会受到:Absichten, Vorwissen, Bildung, Einstellung, Bewußtsein, Partnerkenntnissen, Interessen – sowohl denen des Sprechers als auch denen des Hörers – und von der Kommunikationssituation 的制约。

词汇传达的隐含意义往往不是话语的意图意义,而是评价意义,是语言表达的个别的、情感的、态度性的附加意义,它超越了语言表达的基本意义。它与语境直接相关,受语境制约和影响,通过隐含性的意义可以表达话语者特有的情感、态度以及评价,从而间接呈现出说话人不同的话语意图。

---

① Lapp (1992):119
② Kohvakka (1997):81
③ Polenz (1985):299

4.3.1 语境中词汇语义修辞色彩变化衍生的说话人隐含意义

这里的词汇修辞色彩变化可以理解为：lexematische Erwartungswidrigkeit①。

Beim Lesen und Hören von etwas Unerwartetem und Abweichendem wird die sprachliche Kompetenz aktiviert. Durch gedankliche Prozesse wird aus dem Gedächtnis das herausgesucht, was normalerweise im entsprechenden Fall geäußert worden wäre.②

即词汇意义违背交际者正常认知期待的修辞色彩。通过这种偏离式的变异触发了语境的线索，引发了受话者的关注，进而激活了特定的认知框架。

4.3.1.1 褒义贬用

例69：

Es war der Morgen danach. Spät in der Nacht hatte US – Präsident Barack Obama noch einen „unerwarteten Durchbruch" bei der Weltklimakonferenz von Kopenhagen verkündet. Eine Gruppe von etwa 30 Staatenlenkern aus aller Welt hatte in mühsamer Kleinarbeit einen Kompromiss erarbeitet. Für einen Moment schien es, als gäbe es doch ein achtbares Ergebnis dieser gigantischen Veranstaltung, zu der rund 45000 Menschen angereist waren. Doch der Optimismus währte nicht lange. Offen sprach Bundeskanzlerin Angela Merkel gegen Mitternacht von „gemischten Gefühlen" und ließ durchblicken, dass sie dem „Copenhagen Accord", wie die Abschlusserklärung offiziell heißt, nur zugestimmt habe, um die Konferenz vor dem völligen Scheitern zu bewahren. Auch Obama wertete den Drei – Seiten – Text als unzureichend. Zu diesem Zeitpunkt wussten beide aber noch nicht, dass die Mammutveranstaltung noch

---

① Kohvakka (1997):83
② Kohvakka (1997):83

weiter ins Unverbindliche abrutschen würde.

（Die Welt, 21. 12. 2009. S. 2）

作者在语篇中刻意使用积极性的词汇：achtbar, gigantisch, Mammutveranstaltung 来渲染哥本哈根世界气候大会的意义。公众期待会议可以达成丰硕成果，推动世界环境与气候的可持续发展；然而这种词汇刻意创设的积极语境显然与语篇中的 gemischten Gefühlen, die Konferenz vor dem völligen Scheitern zu bewahren, den Drei – Seiten – Text als unzureichend 形成了强烈的反差。在对比和反差的语境线索中，词汇的褒义发生了逆反，从而触发了作者的语境评价意义：哥本哈根气候会议辜负了世界的期待，引发了人们对环境发展的担忧。

4.3.1.2 中性贬用

用含蓄的中性词来表示违背人们价值认知的事物时，通过词汇的语境化线索引导，往往会衍生出暗含讽刺性的评价性意义。

例 70：

eingebettete Journalisten ①

语境线索：2003 年，以英美为主的联合国军队对伊拉克发动了军事袭击。战争爆发之际，为了加大宣传攻势，英美两国均派出一批随军记者。这些记者跟随美军的坦克深入阵地最前线，从美军的视角实时地向外界报道战争状况和进程。他们好像是镶嵌在美军战车上的一颗螺丝，随着战车的移动而深入报道着战事，媒体评论中将这些记者称为"嵌入式记者"，德国媒体将该词直译为"eingebettete Journalisten"。

然而，这种全新的战争报道方式很快受到了世界各国的质疑。首先，嵌入式记者以牺牲记者生命换取所谓真实的报道，违反了人道主义精神。其次，嵌入式记者从美军的角度报道战争，报道的内容也受到了美国政府的控制，其客观性受到了各方质疑。因此，eingebettete Journalisten 一词在

---

① 作者注：该词汇为德国 2003 年度词汇。

社会语境中生成了否定性消极意义,表达了语言使用者对此行径的批判性评价意义。

4.3.1.3 贬义褒用

例71:

das alte Europa ①

语境线索:2003年,美英在没有联合国安理会授权的情况下发动了对伊拉克的战争,从而引发了二战以来最为剧烈的美欧政治分歧,进而发展成为整个西方世界的观念冲突。

事件的导火索是美国国防部长拉姆斯菲尔德(Rumsfeld)。美国政府当时为了赢得欧洲盟友对其战争立场的支持,派拉姆斯菲尔德到欧洲进行游说。在此次游说中,拉姆斯菲尔德在一次公开场合对德法两国反对美国动武立场进行了批评,他指出:

Deutschland und Frankreich repräsentieren das alte Europa. Es gibt ein Problem mit Deutschland und es gibt ein Problem mit Frankreich.

由此"das alte Europa"被拉姆斯菲尔德赋予了消极的评价意义;言论一出,立即激起了以德法为代表的欧洲各国的强烈抗议。欧洲知识分子同一天在欧洲主流报刊上发表文章,呼吁全世界联合起来,反对美国的侵权行径。

为了抵制美国对老欧洲的蔑视和消极评价,后来,欧洲人有意识地将自己称为"老欧洲",用以表明了作为欧洲人的自我意识。

Womöglich, wird 2016 auf Obama die Demokratin Clinton folgen – es sei denn, die Republikaner sagen ihr Selbstmordprojekt ab. Inzwischen sieht das alte Europa wie ein Musterbeispiel an Regierungskunst aus. Der Populismus bleibt drauβen, obwohl seine Bataillone wachsen.

(Die Zeit,04.11.2013,online)

---

① 作者注:该词汇也为2003德国年度词汇。

在该语篇中，das alte Europa 赢得了新的、积极的意义，隐含地表达了作者对美国模式莫大的讽刺，从而肯定老欧洲的政治领导艺术。

4.3.2　语境中新造词衍生的说话人隐含意义

德语中新造词产生的方式丰富多样，这里重点讨论其中两种主要的方式：仿拟与合成。通过这两种方式产生的新词不仅增加了语言的表现力，同时还传达了话语者预设的情感态度和间接评价。

4.3.2.1　仿拟

仿拟就是通过替换或改变现有词语词形中的某部分，从而产生新的词语。仿拟是新词汇产出常见的途径之一。由于与原有词汇的渊源关系，通过这一方式产出的词汇往往都传达了话语者很强的双关、讽刺性的隐含意义。

例72：

Cousinenwirtschaft①

在德语中，Vetternwirtschaft 指的是裙带关系，而与此相对应的新造词 Cousinenwirtschaft 是对其女性化的戏称。

语境线索：1989 年，时任德国黑森州环境家庭部的绿党女部长 Margarete Nimsch 在未经招标的情况下，私下与州长夫人 Regine Walch 签署了共计 10 万马克的合同。事件很快遭到披露并不断发酵。Nimsch 被迫辞职。这次丑闻也使绿党一度陷入严重的党内危机，并且遭到民众的质疑。

因此，借助 Vetternwirtschaft 传达了话语者讽刺性的隐含意义。

例73：

guttenbergen②

语境线索：2011 年，不来梅大学 Fischer – Lescano 教授发现，德国时

---

① 作者注：该词汇为1989年德国年度词。
② 作者注：该词汇为2011年德国年度词。

任国防部长 Karl-Theodor zu Guttenberg 2007 年撰写并出版的博士论文《宪法与宪法条约》多处引文没有注明出处。莱斯卡诺随即借助《南德意志报》将此事公布于众。在媒体的不断炒作和舆论的压力下，古滕贝格不得不承认论文中存在故意剽窃。他的母校拜罗伊特大学（Universität Bayreuth）取消了他的博士学位。随后，古滕贝格宣布辞职。而由其姓氏派生出的动词 guttenbergen 衍生了"抄袭"、"剽窃"的内涵意义，[1]并在话语语境中传达了讽刺性的评价意义。

4.3.2.2 合成

合成就是将原有词汇体系中存在的词语进行组合形成新的词汇。新组合而成的词汇在语境中往往表达话语者强烈的情感和评价意义。

例 74：

Bananenrepublik[2] 一词源于中美洲那些依靠出口水果（Bananen）的国家，如：尼加拉瓜，巴拿马，洪都拉斯等。

语境线索：在这些国家里，水果业出口的经济巨头由于掌握着国家的经济命脉，他们甚至可以把持国家政治和政策。

在下面的这个语篇中作者有意将德国比作 Bananenrepublik（BRD, Bananenrepublik Deutschland 一词的缩写），成了受腐败、专制、贿赂以及裙带关系腐蚀的国家的代名词，是一种戏谑的称法，从而表达了对社会现实的不满。

Bei Siemens werden Vorstandsbüro durchsucht und Manager verhaftet, Daimler Chrysler suspendiert Führungskräfte, zuvor hatten schon BMW, Audi und VW ihre Korruptionsaffäre – ist Deutschland eine Bananenrepublik?

（Die Zeit, Nr. 48. 22. 11. 2006）

---

[1] 谢宁（2011）：56
[2] 作者注：该词为 1984 年德国年度词。

话语的弦外之音　>>>

4.4　句法手段作为语境线索衍生的说话人隐含意义

4.4.1　句型与其语用功能的对应与偏离

按照最新的 Duden 标准语法,根据特定的形式、语法特点将德语中的句型(Satzmodus)划分为五类:陈述句(Deklarativsatz)、疑问句(Interrogativsatz)、命令句(Imperativsatz)、愿望句(Optativsatz)、感叹句(Exklamativsatz)。①

例 75:②

Deklarativsätze(Aussagesätze):

a. Ein Mann klingelt. (V2)③

b. Klingelte ein Mann, klopfte an die Tür,…(V1)

Interrogativsätz(Fragesätze):

a. Wer klingelte? (V2)

b. Klingelte ein Mann? (V1)

c. Klingelte ein Mann oder eine Frau? (V2)

d. Ein Mann klingelte? (V2)

Imperativsätze(Aufforderungensätze):

a. Klingele dreimal! (V1)

b. Du sollst dreimal klingeln! (V2)

---

① 作者注:按照 Duden – Grammatik 2009 8. Auflage 的划分。
② 例 75 引自:http://epub.ub.uni-muenchen.de/4890/1/4890.pdf
③ 作者注:V2 表示动词位于句中第二位,V1 表示动词位于句首,VL 表示动词位于句末。

100

Optativsätze(**Wunschsätze**):

a. Würdest du doch dreimal klingeln! (V1)

b. Wenn du doch dreimal klingeln würdest! (VL)

Exklamativsätze(**Ausrufesätze**):

a. Der klingelt aber heftig! (V2)

b. Klingelt der aber heftig! (V1)

c. Wie der heftig klingelt! (VL)

一般认为,特定的句型结构可以作为其意义的标记。如:通过命令式可以表达请求或要求言语行为。因此,要求就是命令式结构基本传达以言行事功能。Wunderlich 认为:Es ist Teil der Bedeutung eines Satzes, dass mit seiner Äußerung ein bestimmter Sprechakt direkt realisiert werden kann.①

从这个意义上来讲:以某一表达直接实施特定的言语行为是句子意义的一部分。陈述句的言语行为原型是陈述,疑问句的言语行为原型是询问,祈使句的言语行为原型是指令,感叹句的言语行为原型是感叹。但是在每一种言语行为原型之中存在很多变体。也就是说句子的类型与其表达的语用功能常常不是一对一的映射关系。换而言之,话语在不同的语境中其施为功能会发生偏离,产生不同的隐含意义。

如:陈述句:

例76:②

a. Es geht gleich los. 可以是一种 Aussage;

b. Es geht gleich los! 也可以是 Warnung;

c. Es geht gleich los? 还可以成为 Frage;

d. Es geht gleich los?? 甚至是表达 Protest。

---

① Wunderlich (1976):134
② 例76 - 例80 引自:Sökeland(1980):50 - 68

换句话说,就是一种句式并不总是实施某一种功能;反之,某一种功能也并不是只能通过一种句式才能得以实现。

陈述句可以用来表示:

例 77:

a. Karl ist durch die Prüfung gefallen. (Behauptung)

b. Ich verspreche, morgen zu kommen. (Versprechen)

c. Ich taufe dich auf den Namen Gustaf. (Taufe)

d. Sie werden gebeten, das Rauchen zu entstellen. (Bitte)

表达陈述和断言可以通过:

例 78:

a. Ich habe dich niemals betrogen. (Deklarativsatz)

b. Habe ich dich denn jemals betrogen? (Interrogativsatz)

相应的,表达指令也不一定只能通过命令式,如:表达指令可以通过:

例 79:

a. Komm sofort hier! (Imperativsatz)

b. Ich befehle dir, sofort herzukommen. (Deklarativsatz)

c. Ach, wenn du doch herkommen würdest! (Optativsatz)

d. Wirst du endlich herkommen? (Interrogativsatz)

同样表达疑问可以通过:

例 80:

a. Du kommst doch morgen, nicht wahr? (Interrogativsatz)

b. Weiβt du schon, wann du kommst? (Interrogativsatz)

c. Ich weiβ nicht, wann du kommst. (Deklarativsatz)

d. Ich wüsste gerne, wann du kommst. (Deklarativsatz)

e. Sag mir doch bitte, wann du kommst! (Imperativsatz)

f. Ach, wenn ich nur wüsste, wann du kommst! (Optativsatz)

g. Wüsste ich doch, wann du kommst! (Exklamativsatz)

象似性理论认为:陈述句象似于阐述、承诺和宣告的意图,祈使句象似于指令的意图,疑问句象似于询问的意图,这是无标记象似,为一级象似。①标记象似性体现在基本句式和典型功能不一致,字面意义和话语意义不一致就意味着标记性,标记意味着偏离常规,也就产生了隐含意义。

4.4.2 语境中句式的灵活性:以请求性言语行为为例

形式与功能偏离的语言现象很早就引起了语言学家的关注。他们认为:如果句型与其语用功能(言外之力)相匹配,则为直接言语行为,即说话人所说的话的字面意义就是他的话的本意。如果句型和言外之力不匹配则发生间接言语行为,②就会产生隐含意义。为了进一步考察句型与隐含意义的关系,我们借助功能主义的研究方式:从功能到形式以及从形式到功能的方法,即从语用功能的角度对各种句型进行动态分析。同时考察某一特定的形式又如何实现各种不同的语用功能。首先,我们以表达请求言外之意的言语行为入手,来探讨句型与其施为功能(隐含意义)的关系。

请求属于指令性言语行为,即向受话者发出请求型指令,并使其做出相应的行为反应。在话语实践中,说话人往往以间接性的手段来代替直接请求。笔者认为,表达请求隐含意义的句子可以分为以下三个角度:以说话人为出发点提出间接请求、以听话人为出发点提出间接请求,以请求的内容为出发点提出间接请求。

1) 以说话人为出发点:

a. 陈述说话人自己的愿望。

Ich möchte schnell mit dem Tonband fertig werden.

b. 陈述说话人的状况。

Ich komme mit diesem Tonbandgerät nicht zurecht.

---

① 侯国金(2007):67
② 黄衍(2009):10

Ich versuche die ganze Zeit, mit dem Tonband fertig zu werden.

c. 陈述说话人的判断和评价。

Das Tonbandgerät scheint ziemlich kompliziert zu sein.

d. 陈述说话人在假设成立后的心情。

Wenn ich das Tonband in Ordnung bringen könnte, dann würde ich mich freuen.

2) 以听话人为出发点：

a. 询问听话人实施行为 A 的可能性。

Du kennst dich doch bestimmt mit diesem Gerät aus, nicht?

b. 询问听话人实施请求动作所应具备的物质条件。

Hast du einen Schraubenzieher für das Tonband?

c. 征询听话人意见。

Glauben Sie, dass ich mit dem Tonband fertig kommen kann?

d. 询问听话人不实施某一行为的原因，从而意图敦促其实施该行为。

Warum hilfst du ihm nicht bei der Reparatur des Tonbandes?

e. 询问听话人实施某一行为的时间、方式、地点等信息，从而敦促其实施该行为。

Wann reparierst du endlich das Tonband?

3) 以请求的内容为出发点：

a. 陈述理由。

Das Tonband ist wichtig für die Sitzung.

Ohne das Tonband kann man dafür nichts machen.

b. 询问请求行为的可能性。

Wäre es möglich, dass Sie mir bei der Reparatur des Tonbandes helfen?

4.4.3 语境中陈述句表达的说话人隐含意义

人们所说的许多话貌似陈述，但实际表达的根本不是陈述。根据功能上的差异将陈述句可以简单地划分为以记叙或传递有关事实的信息为目的,或是仅是部分地以此为目的。在实际应用中,陈述句可以表达言语行为的类型十分多样:断言、反对、表扬、批评、建议、推测、承诺……

例81:①

a. Ich werde dich am Wochenende besuchen kommen. (Ankündigung)

b. Du darfst jetzt spielen gehen. (Erlauben)

c. Du sollst dir einen Golf kaufen. (Empfehlen)

d. Er könnte noch in China. (Vermutung)

e. Der Hund ist bissig! (Warnung)

f. Ich kaufe dir morgen ein Eis! (Versprechen)

g. Wir haben schon sieben Jahre verheiratet. (Klage)

4.4.3.1　陈述句表达命令、请求

以陈述句表达指令是十分常见的话语方式。可以是直接性的请求、要求,如:

例82:②

a. Ich brauche Ihre Hilfe.

b. Ich bitte Sie, sich noch ein wenig zu gedulden.

c. Ich bitte mir Ruhe aus!

d. Ich verlange, dass Sie sich genau an die Vorschrift halten.

但是更为常见的往往是曲折、间接、迂回性的请求。如:

例83:

a. Es zieht.

b. Hier ist es kalt.

Friedemann Schulz von Thun 认为每个陈述句都有四个层面,即陈述

---

① Oppenrieder (1987):163 – 165

② 同上

句的四方模式(Vier – Seiten – Modell)①,它包括:

1)客观面(Sachseite):不带评价的陈述客观事实;

2)自我表露(Selbstoffenbarung):说话人对所陈述内容作主观性解释;

3)关系面(Beziehungsseite):说话人对交际对象的看法以及与他或他们的关系。

4)呼吁(Appell):发出要求。

就上面的例子 Es zieht. 而言,该句表达了:

a. Feststellung:Der Sprecher sagt etwas über die relative Temperatur am Ort aus.

b. Aufforderung:Der Sprecher möchte, dass ein Zuhörer ein Fenster schlieβt, die Heizung anstellt, etc.

c. Klage über einen als negativ empfundenen, aber nicht zu ändernden Zustand.

因此,其四方模式应解释为:

1)客观面:Die Temperatur wird von der aussagenden Person als kühl empfunden.

2)自我表露:Ich bin sensibel.

3)关系面:Du siehst ja nicht einmal, dass ich friere!

4)呼吁:Bitte drehe die Heizung etwas höher.

这四个方面的任何一个面都传达了请求性的隐含意义。

陈述句表达间接隐性指令可以分为以下几种情况:

1)描述一种不期待的状态,从而衍生出要求受话者克服这一状态的隐含意义。

Es zieht. 有穿堂风是一种不被期待的状态,说话者的言外之意是希

---

① vgl. Friedemann (1981):23 – 36

望受话者采取一定的行为来结束或克服这一状态,因此应理解为是一种指令,表达要求或请求。

2) 说话者以个人意愿为标准,从而对受话者提出要求。

Am liebsten hätte ich dein Manuskript bis zum Montag. 说话者通过对个人愿望的委婉陈述而向受话者传达了要求周一交手稿的隐含意义。

3) 提出实施某一行为的前提条件。

Ich hoffe, du hast noch Bier im Kühlschrank.

4) 指出行为的规约或常规流程。

Man schmatzt nicht beim Tisch. 表面看来是在陈述吃饭时不应该吧唧嘴发出声音,但其隐含意义同样是表达要求。

5) 讽刺性的夸张。

Manche Leute waschen sich nie.

需要指出的是,将来时表达的命令或请求往往表达严厉的、不可抗拒的弦外之音。

例84:①

Du wirst jetzt sofort zu mir kommen!(你现在得马上来我这里。)

Du wirst jetzt deine Schulaufgaben machen.(你现在该做作业了。)

Du wirst dich bei der Dame entschuldigen.(你必须向那位女士道歉。)

4.4.3.2 表达疑问,获取意图信息

疑问是获取信息的言语行为,说话者对某一事物、关系和状态等不知晓或不确定时,通过疑问言语行为来获取自己意图的信息。而在现实语境中,说话者为了获得意图的信息,不一定仅仅借助疑问句。Wunderlich 认为:陈述态度是表达疑问隐含意义的重要方式。②

1) 陈述说话人不知道的状态。

Ich weiβ nicht, wann das Seminar anfängt.

---

① 宋玉华,刘瑶(2010):4
② Wunderlich(1976):308

其隐含意义就是为了获取信息：Wann fängt das Seminar an?

2) 说话人想知道。

Ich wüβte gern, wo die Mensa ist.

其隐含意义表达的同样是：Wo ist die Mensa?

3) 对说话人而言存在各种可能性。

Es gibt viele Möglichkeiten, wo das Buch geblieben sein könnte.

隐含意义：Wo könnte das Buch geblieben sein?

4) 说话人的认知过程。

Ich überlege die ganze Zeit, wo ich meine Brille gelassen habe.

隐含意义：Wo habe ich meine Brille gelassen?

5) 受话人的知识状态。

Ist dir noch klar, wie ein Thermostat funktioniert?

隐含意义：Wie funktioniert ein Thermostat?

6) 受话人的认知过程。

Überlegst du mal, was die neue Adresse von Peter ist?

隐含意义：Was ist die neue Adresse von Peter?

4.4.3.3　表达情感、态度、评价

陈述句的第三大语用功能是表达说话人的情感、态度、评价等隐含意义。如：

1) 表达不满与责备：

例85：①

当员工与领导为某一工作安排争论不休时，这名员工说：Ok, Sie sind Chef. 表达了一种勉强的接受，隐含了说话人对现有结果不满的态度评价。

---

① 例85 - 例88 引自：Rolf (1994):239 - 243

例87:

商场的广告部人员对当地报纸的主编说:Sie haben lange nicht mehr über uns gebracht. 借助语境,很容易断定这句话并不是一种断言,而是一种敦促,表达了说话人对此的责备。敦促报纸尽快登出一些宣传这家商场的文章。

2) 表达惊讶:

例88:

Er hat ja ein neues Auto.

Du bist aber ein Genie!

以上两个例子均表达了说话者对所陈述事实出乎意料。

陈述句在不同语境中表达的说话人的情感态度极其丰富多样,特别是结合特定的语言线索:小品词、语调、重音以及话语的停顿,非语言语境线索:表情和肢体语言以及交际者的共有知识等均可衍生出特定的隐性评价意义。因此,进一步研究的空间巨大。

4.4.4　语境中疑问句表达的说话人隐含意义

心理学认为,疑问可以分为四类:[①]

线性问题(lineare Fragen):用于帮助提问者进行定位。即 wer, wo, was, wie 等问题。

圆周性问题(zirkuläre Fragen):常常使用虚拟式,问题涉及被询问对象的相关周边的人或事,如:Was würde X sagen, wenn man ihn fragt…?

策略性问题(strategische Fragen):用于影响被问对象,问题本身已经隐含了期待的答案。Sie lieben Ihre Kinder, und lieben Ihre Kinder Sie auch ja?

反射性问题(reflexive Fragen):将被问对象通过问题引入思维实验

[①] vgl. Brunner (2007):33

中。如：Sicher haben Sie sich auch schon einen Urlaubstermin überlegt, oder?

心理学对疑问的分类让我们认识到：疑问往往不是一种简单的、获取疑问信息的有疑而问，更多的是一种话语策略，疑问是饱含说话者丰富隐含意义的语言认知手段。

在德语中，疑问句(Fragesätze)一般被划分为：真实问句(echte Frage)和假问句(scheinbare Frage)。所谓真实问句就是有疑而问。它包含：补充问句(Ergänzungsfrage)、选择问句(Entscheidungsfrage)以及求证问句(Vergewisserungsfrage)。而假问句则是无疑而问，这样的问句是不需回答的。它包含：修辞问句(rhetorische Frage)与请求问句(Aufforderungsfrage)。从语用角度，疑问句在动态的语境中可以表现出不同的语用功能。一般认为疑问句可以表达以下语用功能：指令、断定、应酬、阻止、反驳和申辩、责怪、催促、提醒。为此，不同学者尝试从不同角度划分疑问句：Marte认为：英语中从情景功能角度可以区分出以下19种疑问句[1]：

发现/辨别基本事实的问句	发出挑衅与责难的问句	表达怜悯与同情的问句
辨析发现因果关系的问句	指责性问句	暗示性问句
引发思考的问句	寻求支持的问句	寻求反馈的问句
寻求指示的问句	引入对政策的探讨的问句	情感刺激的问句
澄清概念的问句	表达兴趣的问句	征求观点与意见的问句
请求提供佐证的问句	提出论点的问句	暗示对棘手情景理解的问句
深入探究价值判断的问句		

图表13　Marte对问句的划分

系统功能语言学派的代表人韩礼德认为：人在言语交际中最根本的言语角色为：求取和给予。因此，言语行为可以分为：要求行为

---

[1] vgl. Marte (1989):3-6

(Aufforderungshandlung)和信息行为(Informationshandlung)。要求行为是话语者尝试借助言语行为来使受话者做出其要求的事情或行为。而信息言语行为目的则是给予受话者特定信息。从这个意义上来看,疑问句也就可以简单分为获取信息的信息问句,以及为了给予对方特定信息的非信息探询问句,简称为寻求信息型问句和非寻求信息型问句。

4.4.4.1 寻求信息问句的隐含意义建构

寻求信息型问句又可以进一步分为寻求问句内信息和寻求问句外信息。寻求问句内信息一般就是所问的内容就是话语者字面表达出所需求的信息,即所言就是所问。因此,不会产生隐含意义。而与此相反,寻求问句外信息表示话语者的字面所问的信息与实际意图所指示的信息不一致。根据寻求问句外信息的语用意图的差异可以进一步将由这一类型衍生出的隐含意义划分为:

1) 寻求原因:一般疑问句来表达寻求原因。说话人以一般疑问句对自己已经看到的行为进行提问,表面看起来似乎是明知故问,但是,其话语的真实目的是询问行为发出者为什么要实施该行为。其隐含意义是寻求该行为的原因。

例88:①

情景:A 看到 B 在搅动面糊,并加入朗姆酒。

A:Nimmst du Rum für den Teig?

B:Ja, das gibt ein besseres Aroma.

显然,B 的回答不是对 A 的选择问句的简单肯定,因为 A 已经看到了 B 是如何完成上述行为的。B 将 A 的选择问句理解为询问原因的问句,即:Warum nimmst du Rum für den Teig?

---

① 例88 – 例91 引自:Sökeland (1980):126 – 128

类似的例子还有：

例89：

A：(sieht, wie B eine Pfeife raucht)

Rauchst du Pfeife?

B：Ja, Zigaretten vertrage ich nicht.

这里 A 也看到了 B 抽烟斗的过程，表面看起来 A 的提问似乎是多余的或者说是明知故问，事实上 A 的问句的言外之意是想了解 B 行为的原因，即：为什么要抽烟斗。

例90：

A：Habt ihr einen neuen Fernsehapparat?

B. (Ja,) beim alten war die Röhre durchgebrannt.

同样，A 看到了 B 有了新的电视，他的提问无疑是 Warum habt ihr einen neuen Fernseher?

因此，上述这样的选择问句言外之意都是对原因的探究。

2) 寻求对方提出观点

此外，研究中常常会发现，一些一般问句的提出，其期待的回答远远多于一个 ja 或 nein，而是对某一事件深入的看法：提出观点、找出原因、进行辩解等等。如：

例91：

Werden Sie aus dieser Wahlniederlage Konsequenz ziehen?

können Sie sich einen Weg vorstellen, wie man den Numerus Clausus abbauen könnte?

Würden Sie unseren Hörern über Ihr Vorhaben Auskunft geben?

这样的一般问句的隐含意义要理解为：

Welche Konsequenzen werden Sie aus dieser Wahlniederlage ziehen?

Wie kann man den Numerus Clausus abbauen?

Was sind Ihre weiteren schriftstellerischen Pläne?

<<< 4. 语境触发的说话人隐含意义的建构手段

3) 发出挑衅与责难的问句。这类问题可以称之为讽刺性问题(Ironische Fragen)。Gruber 认为:Die Verwendung von Fragen stellt die indirekteste Form der Widerspruchsformulierung dar, gleichzeitig besteht hier eine fließende Grenze zu Vorwürfen. ①

因此,这类型的问句是通过疑问来传递挑衅和讽刺甚至是批评的语用意图,激起受话者强烈的情感反映,从而为某一行为或事态进行深入的辩解,引发深度的观点阐释。

例 92:②

A:Ihnen laufen alle Parteimitglieder davon! Haben Sie Angst Ihren Job als Parteisekretär zu verlieren?

B:Die Austrittswelle ist beängstigend. Doch glaube ich, dass bereits dieses Jahr viele neue Mitglieder aufgenommen werden.

A 的问题绝不是简单的询问 B 是否担心丢掉职位,而是向受话者传递出极强的挑衅意味:为什么在您的领导下出现了当前的退党热潮?话语的隐含意图是激起对方对此进行辩解,从而引入更多其他新的信息。

与此类似的,下面挑衅意味极强的问句:

例 93:③

Beunruhigt es Sie, wenn die Bürger das Vertrauen in die Parteien verloren haben?

其隐含意义为:Was kann man dagegen tun, dass die Bürger das Vertrauen in die Parteien verlieren?

Rehbock 将这类问句称为 polemische Begründungsfrage 或 Vorwurfsfrage。

Eine Vorwurfsfrage, die[...]dem Adressanten die Antwort verbaut, zu der sie

----

① Gruber (1996):193
② Friedrichs/Schwinges (1999):59
③ Sökeland (1980):127

113

ihn andererseits verpflichtet, nenne ich polemisch. Die zu rechtfertigenden Inhalt werden dadurch nicht nur in Frage gestellt, sondern entwertet, indem jede positive Antworterwartung ausgeschlossen wird. Auf der Beziehungsebene wird der Adressat durch die Zumutung widersinniger oder image – und interessensschädigender Antwortalternativen rituell...verletzt. Und gesprächsstrategisch nötigt sie den Adressaten zu ausweichenden oder konfliktträchtigen Verteidigungszügen, manöveriert ihn also in eine ungünstige Situation. ①

这类型的问题是一种论战性问题，该类型问句的根本目的是向对方发出攻击，使对方陷入言语交际的困境，从而获得言语交际的主动权。如：

例94：②

A：Sind Sie schon wieder in Schwierigkeiten?

B：Ihre Frage erweckt den Eindruck, als ob ich schon einmal in Schwierigkeit gesteckt hätte.

上述寻求信息的问句表达了疑问和寻求信息的功能，然而其话语的言外之意却远远超越了问句字面信息指向，话语意图是为了获取更多的问句外信息。

4.4.4.2 非寻求信息问句的隐含意义衍生

非寻求信息型的问句，其句子的语用意图偏离了疑问句的原型，因此，衍生出了不同的语用功能，在具体的语境中折射不同的隐含意义。一般认为，非寻求信息疑问句具有以下四种隐含意义类型：行为指示、陈述观点、表露情感、寒暄交流。

1）行为指示

指示某种行为，具体而言可以表达请求、要求、命令、建议、催促、警告、威胁、制止等言外之意。

---

① Rehbock (1985):204
② Friedrichs/Schwinges (1999):60

<<< 4. 语境触发的说话人隐含意义的建构手段

a. 表达要求、请求等言外之意。

选择疑问句

例95：①

a. Gibst du mir mal die Fernsehzeitung?

b. Ob du mir mal die Fernsehzeitung gibst?

c. Gehst du mir mal aus der Sonne?

d. Haben Sie eine Zigarette für mich?

e. Legst du bitte eine Schallplatte auf?

f. Störst du mich jetzt bitte nicht mehr?

特殊疑问句

例96：

a. Wer hilft mir mal beim Abwaschen?

b. Warum hilfst du Mutter nicht beim Abwaschen?

c. Wann räumst du endlich dein Zimmer auf?

这些问句的隐含意义都是向受话者发出请求或要求，识别这一类型问句的交际意向可以借助以下标注手段：

※**小品词常常用于标记疑问句请求意向**。

例97：

a. Gehst du mal einen Moment hinaus?

b. Wer holt mal Zigaretten?

句中插入的 mal 使得句子不再是疑问而是请求。

※**含有第二虚拟式形式的情态动词标记请求意向**。

例98：

a. Würdest du mir bitte bei der Buchhaltung helfen?

b. Könntest du vielleicht etwas leiser sein?

---

① 例95－例101 引自：Brunner（2007）：69－83

c. Würde es dir etwas ausmachen, deinen Mantel vom Stuhl zu nehmen?

需要指出的是,使用疑问句表达间接指令已成为规约化的表达,所以,鉴于隐含意义的语境依附性与非规约性,常常并不将这一类型归入隐含意义的表达手段。

b. 疑问句表达建议。

常常使用选择问句来表达建议。

例99:

a. Wollen wir ins Kino gehen?

b. Weshalb gehst du nicht einfach zum Augenarzt?

c. Gibst du mir jetzt den Autoschlüssel?

※nicht 常常用于标记建议意向。

例100:

a. Solltest du nicht mit Jogging anfangen?

b. Willst du nicht einfach die Wohnung wechseln?

c. Meinst du nicht, dass du nach Hause gehen solltest?

c. 表达警告。

例101:

Willst du nicht lieber etwas langsamer fahren?

2)陈述观点。以问句来陈述观点,常常可以表达以下几种隐含意义:提供信息、表达主张断言、强调肯定或否定。

例102:①

Hast du schon gehört, dass in Berlin ein Kongresszentrum gebaut wird?

隐含意义:提供信息 Ein Kongresszentrum wird in Berlin gebaut.

Darf ich Sie davon in Kenntnis setzen, dass wir demnächst einen neuen Kundenberater einstellen werden.

---

① 例102 – 例103:Friedrich/Schwinges (2001):57 – 59

<<< 4. 语境触发的说话人隐含意义的建构手段

隐含意义:提供信息 Wir werden demnächst einen neuen Kundenberater einstellen.

例 103:

Wann jemals zuvor in unserer Geschichte haben wir ein solches Maβ an Freiheit gehabt wie heutzutage?

隐含意义:表达断言、强调否定 Wir haben niemals in unserer Geschichte ein solches Maβ an Freiheit gehabt.

Wie oft habe ich schon darauf hingewiesen, dass eine gewisse Staatsverschuldung für eine solide Wirtschaftspolitik unerläβlich ist?

隐含意义:强调肯定 Eine gewisse Staatsverschuldung ist für eine solide Wirtschaftspolitik unerläβlich.

wie oft – sehr oft, wie lange schon – sehr lange, wann jemals zuvor – niemals, wo anders als – nur hier 这一类型的问句其言外之意常常是陈述个人观点,强调肯定或否定。在传统语法中,常常将上述问句视为修辞问句(Rhetorische Frage)。

3) 表明某种情感

a. 表达积极的情感

表达感慨:例 104:①Wie ist die Zeit nur wieder gelaufen!

表达感谢:例 105:Wie kann ich das nur wiedergutmachen?

Wie soll ich die nur meine Dankbarkeit beweisen?

唤起情感共鸣:

例 106:②

Und von welcher Stadt werden Sie bald ein Lied singen? Erleben Sie einzigartige Tage in spannenden Metropolen […] Und wie wäre es als Höhepunkt noch mit einem traumhaften Musical – Besuch? Die Karten dafür

---

① 例 104 – 例 105 引自:Sökeland (1980):118
② vgl. Hans – Werner (2008):100

können Sie übrigens bei uns gleich mitbuchen. Klingt gut, oder？（Werbeanzeige TUI, Der Spiegel, 12. 2007. S. 83）

该广告以一个问句唤起了读者的联想，歌曲－城市－美好的体验，进而引发情感的共鸣。

b. 表达消极的情感

表达批评：例107：①Findest du das etwa witzig?

表达感慨：例108：Wie wollen wir das denn finanzieren!

表达质疑和反对：例109：Müssen wir denn immer gleich an gesetzgeberische Maßnahmen denken?

表达不满：九点了，妈妈发现孩子还没做作业。

例110：Hast du die Aufgabe noch nicht gemacht?

4）交际功能

交流：推进言谈：引进新话题、转移话题、保留话题；随声附和；唤起同感；

a. 寒暄，交际双方为了避免尴尬，而故意无话找话说。

例111：Das Wetter ist schön, oder?

b. 引入话题：

如下面这则广告：

例112：

Hallo, ist das kein schauer Anblick? Da schnellste ab: Der NSU – Prinz 4 ein Klasse – Brummer, ist für alle Typen die ganz große Bediene. Wer seinen Stammzahn schnell uns sicher in die Gammeltimpe oder den Jazzladen schaffen will, der sitz genau auf dem richtigen Hobel. Wie dieser Schemel in der Kurve liegt! Kein Leukoplastbomber, sondern ein rigtig rasches Sofa, mit einem äußerst bopmäßigen Motor und edelduftem Komfort（Der Spiegel, Nr. 10/

---

① 例107－例110引自：Brunner（2007）：80－88

5.3.07. S.1)

c. 引进话题与转移话题

下面这则广告正是通过两个问句实现了话题的引入和转移。

例113:

Kölleverkeuschleisiegumm

Gladahrbonnberg

Kennen Sie Köln? Ja.

Kennen Sie Kölleverkeuschleisiegummgladahrbonnberg? Nein, Sie sollten es kennenlernnen.

Sie sollten ihn kennenlernen: den geschlossenen Wirtschaftraum in und rund um Köln(doppelt so groβ wie das Saarland, mehr Einwohner als Schlewig – Holsten)

Sie sollten ihn kennenlernen:

Zahlen beweisen: der Marktplatz Köln ist nur rein Stück vom Konsumplatz? mit zehn Sternen". Mit Bonn und Leverkusen – und mit zehn Landreisen. Der ganze Konsumplatz in und rund um Köln – dort wo man überall die Rundschau liest – ist ein unterbares Werbeleid. (Der Spiegel, Nr. 10/5.3.07. S.100)

这则广告通过两个自问自答的问句将读者引入作者预设的话题中。

4.4.4.3 小品词对疑问句隐含意义的制约

例114:①

a. Wie kann ich das nur wiedergutmachen? (Dank)

b. Findest du das etwa witzig? (Vorwurf)

小品词较之于句型句式在同一话语中处于显性的支配地位。下面句子中的小品词的使用均使得疑问句的疑问言外行为发生了迁移，因此它们都是间接言语行为，表达了不同的隐含意义。

---

① 例114-例115引自:Sökeland (1980):55

例 115：

a. Wann erledigst du *endlich* deine Hausaufgaben?（Ermahnung）

b. Gehst du *mal* ans Telefon?（Aufforderung）

c. Warum ärgerst du mich *nur* immer mit so etwas?（Klage）

4.4.5 语境中祈使句表达的说话人隐含意义

祈使句的原型功能是表达指令。

表达要求、请求和命令

例 116：①

a. Dreh endlich die Musik leiser!

b. Würdest du doch dein Zimmer aufräumen.

c. Bitte alle aussteigen!

d. Kehrt marsch!

e. Hätte ich doch noch Schokolade!

f. Gib mir mal den Tintenkiller.

g. Wenn das Fenster doch zu wäre!

而当其原型功能发生偏移时，往往可以认为它表达的是一种假指令。假指令句指不完全实施或实施不完全指令功能的指令句。实施指令功能但却不具备指令句的形式，成为间接指令。② 假指令句表达的隐含意义可大致可分为：③

1）表达祝福

Bleib gesund!（Wunsch）

---

① 引自：莱比锡大学语言学院（Institut für Linguistik, Uni Leipzig）Johannes Dölling 教授 Semantik und Pragmatik 课程讲义。

② 侯国金(2002):17

③ 引自：莱比锡大学语言学院（Institut für Linguistik, Uni Leipzig）Johannes Dölling 教授 Semantik und Pragmatik 课程讲义。

2) 表达侮辱和伤害

Halt's Maul! (Beleidigende Zurückweisung)

Ach rutsch mir doch den Buckel herunter! (Beleidigung)

3) 表达疑问

Sag mir doch mal, wie fühlst du dich! (Frage)

4) 表达许可

A:Darf ich gehen? B:Geh nur! (Erlaubnis)

5) 表达威胁

Schlag mich doch, du Feigling! Trau dich! (Drohung)

句子语用功能的偏移源于语境的制约，可以是句子功能的偏移，也可以是含义虚化、规约化，衍变成带有特定文化的语用策略。①

4.5 修辞手段：语境中不同修辞手法衍生的说话人隐含意义

通过不同的修辞手段创设独特的隐含意义是语言学的研究热点。不同修辞手段之所以可以产生独特的隐含意义，都源于它们对会话准则的违背，如：违反量准则的辞格：夸大和弱言、冗余；违反质准则：反语、夸张、隐喻、比拟、双关等等。

4.5.1 曲言

曲言：指用反义的否定或双重否定来表示肯定的一种修辞手法。②
如：

---

① 王雪(2011):54
② vgl. Hans – Werner (2008):183

用 nicht klein 表达 recht groß；

用 nicht unklug 表达 recht gescheit；

用 keine Glanzleistung 表达（recht）mäßige Leistung.

例 117：①

Er gehört nicht zu den Klügsten.

Das ist nicht schlecht.

这类语义替代方式常常会衍生出讽刺、委婉或夸张等隐含意义。如：

1) 反义否定：

例 118：②Szenario：Paul demoliert gerade im betrunkenen Zustand die Wohnung.

在这种情况下，如果说话人表达为：Paul ist nicht mehr ganz nüchtern. 那么这句话显然就是一种以反义的否定来表达肯定的曲言。其话语的隐含意义是：Paul ist ziemlich betrunken. 是说话人委婉式曲言表达。是说话人出于彼此社会关系、特定语用目的考量后的语言修辞选择的结果。

2) 双重否定

例 119：Er gehört nicht zu den Unklugen. 使用双重否定表达了肯定。

既然是肯定，那么为什么不表达为 Er gehört zu den Klugen. 究其原因有可能是：

a. 说话人出于谨慎表态或者有限度表态的缘故，如：说话人虽然认为 er 不是不聪明，但是也不是很聪明。

b. 说话人出于讽刺的语用目的等等。然而，这些推测只有在具体的语境中才能等到诠释。

曲言在媒体语篇语境中是常见的话语修辞方式。

例 120：

Interview mit Johannes Teyssen

---

① Hans - Werner (2008)：183

② 例 118 - 例 119 引自：http://de.wikipedia.org/wiki/Litotes

Quelle：Der Spiegel www. spiegel. de/spiegel/print/d – 126014787. html

Thema：E. on – Chef Johannes Teyssen,54,über die Krim – Krise und die Folgen für den Russland – Handel.

Spiegel：Der Rubel ist massiv gefallen.

Teyssen：Für unsere Bilanz ist das nicht schön. Aber es ist kein Grund, jetzt das Weite zu suchen. Wenn wir morgen alles versilbern wollten, dann wäre der niedrige Wechselkurs ein Problem. Aber er entscheidet nicht über unseren langfristigen Erfolg.

这里的 nicht schön 表达了 ganz schlimm。话语者以此来表达谨慎的和委婉的评价态度。

4.5.2 隐喻

乌尔曼曾指出：一种语言没有隐喻和借代是不可思议的：这两种支配力是人类语言基本结构中所固有的。[①] 隐喻(Metapher)：是一种以相似性为基础的替代式语言表达修辞手段。Umberto Eco 认为：隐喻的过程是人们试图在相互替代事物的意义中寻找一致的成分并将其激活的过程。[②] Bussmann 认为：隐喻的过程就是建构语言图像(sprachliches Bild)的过程。由此可见,相似性是隐喻发生的基础。[③]

4.5.2.1 隐喻的分类

从词法形式上来看,隐喻常常以名词、形容词或动词的形式出现。

1) 名词性隐喻：

例121：

Europa hat kein Interesse an einer neuen Rüstungsspirale, die sich noch

---

[①] Ullmann (1962):232,引自：李国男(2001):153
[②] vgl. Umberto Eco (2000):178
[③] vgl. Bussmann (1990):484

dazu auf eigenem Territorium dreht. Es gilt, ein neues Wettrüsten zu verhindern.

(Die Zeit,22. 10. 03. 2007)

Rüstungsspirale(军事储备螺旋上升)表达军备不断增多,隐含着作者委婉、掩饰性的语用意图,从而降低了使用 vermehrende Rüstung 带来的消极评价意义。

2)形容词性隐喻:

spitze Bemerkung(尖刻的评论)来代替 verletzende Bemerkung(伤人的评论)。

例122:

Zwei Tage vor dem nationalen Bildungsgipfel hatte der Gewerkschaftsbund geladen, um über Wege aus der bundesdeutschen Bildungsmisere zu debattieren. In letzter Zeit findet vermutlich kaum eine Tagung statt, auf der nicht eine spitze Bemerkung zur Finanzkrise fällt.

(Die Zeit,22. 10. 2008,online)

同样较之于 verletzende Bemerkung,spitze Bemerkung 的评价意义隐含。

3)动词性隐喻:

sich zügeln(束身)来表示 sich zurückhalten(克制自己)的隐含意义。

以上三类隐喻的共性在于:以具体来代替抽象。Ullmamn 认为:用意义具体词项来表达抽象的经验是隐喻性语义转移的基本趋势。[1]

在大量的媒体语篇中,通过隐喻传达隐含意义,不仅使话语表达隐含含义,同时也赋予了话语强烈的画面观,使作者的隐含意义形象地跃然于读者的思维之中。

例123:

Natürlich sind wir manchmal unterschiedlicher Meinung, aber selbst am

---

[1] vgl. Ullmann (1962):251

blauen Mittelmeerhimmel ziehen zuweilen Wolken auf. Trotzdem bleibt der Himmel blau.

（Der Spiegel, Nr. 50/10. 12. 12. S. 107）

在这个句子中,以形象的隐喻:地中海的蓝天中也会偶尔出现云朵,尽管如此,它们也无法遮盖天空的蓝色。传达出隐含意义:在地中海地区的争端中,尽管存在各种分歧,但是不会影响其和平解决问题的进程。

例 124：

Weltmacht Gasprom, Europas wertvollster Konzern, Putins Schwert: Auf dem großen Bildschirm im Kontrollzentrum kann mühelos die weltweite Expansion des Kraken besichtigt werden, dessen Fangarme in alle Richtung zuschlagen.

（Der Spiegel, Nr. 10/5. 3. 07. S. 123）

文中将俄罗斯 Gasprom 公司隐喻为普金的利剑（Putins Schwert）,其隐含意义是:普金以俄罗斯天然气公司作为武器和工具,实现其控制输入国的政治野心。同时又进一步将天然气输送管道的扩张比喻成向四周不断伸张的章鱼触角,形象的比喻不禁让人产生出一种动态的、具有威胁性的画面,在这种画面感极强的隐喻中,作者无疑向读者传递出:俄罗斯天然气公司的发展与扩张持续而迅猛,似乎有控制世界的趋势。

4.5.2.2　隐喻性超常搭配的语境隐含意义

搭配是词汇之间结伴和共现的现象。语言学家将符合人类一般语言认知习惯的搭配称之为零度搭配,即合乎语法规则、符合语义搭配规律、遵循逻辑常理和言语表达习惯的词语搭配。然而,语言实际使用中,为了实现不同的语用目的,语言使用者常常会突破常规创造出新的搭配,这种对零度的超越、突破的搭配便是"偏离搭配"或者称为超常搭配。

从搭配的内部关系来看,词语的超常搭配就是搭配的前项和后项通过组合关系和聚合关系组织起来的短语语境语义,①语境意义生成过程就在语境中诸要素的调节和控制下,使偏离表层语义的深层语义通过认知过程联系起来。

表层语义就是搭配词语的字面意义,深层语义则是搭配的整体意义和语境意义。Kohvakka 认为:Der variierende Gebrauch der ungewöhlichen Kombinationen schafft Anspielungen und neue Bedeutungsebenen im Text. ②

因而,超常搭配一方面是深层语义在语境中对表层语义具体化、抽象化与逆向化的过程,另一方面也是通过这种超常和变异传达话语者态度与情感的过程。

1)隐喻性主谓超常搭配与话语评价意义

2008 年爆发的欧债危机将希腊等欧洲国家拖入了经济危机的深渊。大量报道对此进行了深入的描述和剖析。在这些报道中,作者使用各种隐喻性的超常搭配,在形象刻画经济危机带来的冲击的同时,表达了作者对危机的担忧,对经济发展失去信心的隐性评价态度。如:

例 125:

Die Verschuldung schraubt weiter in die Höhe. (Der Spiegel, Nr. 48/26. 11. 12. S. 80)

schrauben 指物体螺旋式地运动,句中主语 die Verschuldung(债务)与 schrauben 的搭配,体现出债务的不断累加的动态恶性过程,增强了语言的表达效果。同时传达了作者对债台高筑的担忧和批判性的态度。

例 126:

a. Die Konjunktur lahmt. (Der Spiegel, Nr. 48/26. 11. 12. S. 82)

lahmen 指跛行,Konjunktur 经济发展的态势和状况。

字面意义:经济发展处于跛行中。

---

① 周春林(2009):128
② Kohvakka (1997):140

<<< 4. 语境触发的说话人隐含意义的建构手段

隐含评价意义:经济发展缓慢、不顺畅,表达了话语者对当前经济发展的担忧。

b. Die Banken wackeln, die Wirtschaft rutscht ab.

(http://www. spiegel. de/wirtschaft/soziales/slowenien – sieht – sich – als – kandidat – fuer – hilfen – aus – dem – esm – a – 893478. html)

字面意义:银行晃动,经济下滑。

隐含评价含义:银行动荡,经济发展下滑,话语者对经济的担忧。

c. Der Arbeitsmarkt kühlt ab. (Der Spiegel, Nr. 48/26. 11. 12. S. 84)

字面意义:劳动力市场冷却。

隐含评价含义:劳动力市场出现受雇佣方市场,话语者的担忧。

这些搭配的共性在于:均为隐喻性的超常搭配,搭配后的语义得到强化,搭配在语境中生成的深层语义感情色彩浓厚、语气强烈,进而衍生出作者的情感与态度意义。

2) 隐喻性动宾超常搭配与话语的评价意义

动宾隐喻性超常搭配的评价意义衍生主要依赖于动词在语境中语义的变异,动词的词义即使是中性的,由于搭配的灵活使用,常常也可衍生出极具隐含评价意味的表达效果。

例127:

Schaut man sich genauer an, was eine Verfassung ist, stellt sich die Frage, was sich durchsetzte, als sich die Verfassung durchsetzte. Eine Antwort lautet, dass die moderne Verfassung nicht nur herrschaftsbegrenzend, sondern herrschaftsbegründend wurde: Sie soll für die Herrschaft des Gesetzes sorgen. Sie lässt die Macht vom Volke ausgehen und bindet und zähmt sie. Der Soziologe Niklas Luhmann sprach deshalb mit abgründiger Ironie von der Verfassung als einer "evolutionären Errungenschaft". Ist die Verfassung die Selbstbeobachtung des Rechts perfektioniert habe. (Süddeutsche Zeitung. 27. 3. 2007. S. 13)

zähmen 本义是驯服、驯化。将其与文中的 Volk 搭配,讽刺意味十足,凸显了作者的消极的隐含评价意义：宪法使大众丧失了权利,沦为了其驯服的羊羔,毫无权利可言。

例128：

Und so saβen sie denn am vergangenen Mittwoch anderthalb Stunden lang wie die Schuljungen im abgedunkelten Groβen Ratssaal des europäischen Nato – Hauptquartiers. Der Mann am Pult sucht alle Bedenken zu zerstreuen. (Der Spiegel, Nr. 10/5. 03. 2007. S. 20)

Bedenken 的语义本是中性的,这里与 zerstreuen 搭配,结合语境,形成了散布谣言的意义。使语义趋于贬义,从而表达了作者的不满、否定等评价意义。

3）隐喻性形名超常搭配与话语的评价意义

形容词在本质上往往趋于模糊性和歧义性,而与其构成形名组合的名词语境对于模糊多义的形容词具有解歧的作用。[①] 在形名构成的超常搭配中往往通过带有极性词汇的选择来表达话语者特定的态度评价意义：

例129：

Und dann wird er wütend, er mag es nicht, diese Gerede vom chirurgischen Krieg. (Der Spiegel, Nr. 50/10. 12. 12. S. 113.)

chirurgischer Krieg: chirurgisch 是医学术语,表示"外科的"。与 Krieg 构成搭配后,其语义范畴显然无法局限于医学领域,在搭配的深层语义范畴扩大,就像外科手术那样的精确打击目标的军事行动。这样的搭配将军事行动带来伤亡的负面语义被医学外科手术(chirurgisch) 的语义替代,进而使得战争(Krieg)负面语素语义得到压制。

---

① 钟珊辉（2009）:23

<<< 4. 语境触发的说话人隐含意义的建构手段

```
表层搭配（字面意义）： 显性 chirurgische(r) ——————Krieg
                                        ↘       ↓
                                       零度搭配  偏离
深层搭配（隐含意义）： 隐性            Behandlung
```

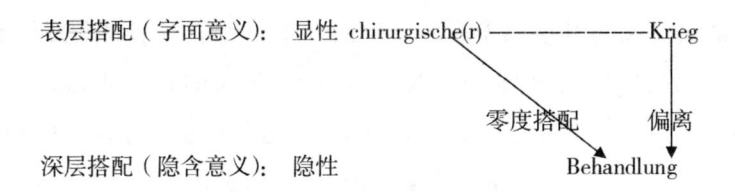

图表 14　超常搭配的偏离模式

这样的表达暗含了话语者批评、讽刺性的评价意义。

与此类似：

例 130：

a. Die Bundesregierung erwartet für 2012 ein mageres Wachstum von 0, 8%. (Der Spiegel, Nr. 48/26. 11. 12. S. 82.)

mager 原义是瘦弱的、微小的。与 Wachstum 构成搭配，表达了经济增长缓慢的意义。

b. Falls die sieche Konjunktur irgendwann alle erfassen sollte. (Der Spiegel, Nr. 48./26. 11. 12. S. 84.)

siech 一般用于指人的体弱多病,久病不愈。在这里与 Konjunktur 构成搭配,凸显了经济长期疲软的意义。

c. Die größten Probleme des Landes sind eine schwere Rezession und ein angeschlagener Bankensektor, der durch faule Kredite in Schwierigkeiten geraten ist. (Der Spiegel, Nr. 48/26. 11. 12. S. 69)

faule Kredite 形象性表达了恶性贷款的恶性累加。

这三组形名搭配均表达话语者对经济不看好、怀疑、批判的评价意义。

4.5.3　反讽

反讽(Ironie)：就是用隐晦的手法,不是直接说出要说的东西,而是举其反面,使其意义完全颠倒,[1]即用语义相反的表达代替想说的意见。反

---

[1] 陈晓春(1998):237

讽是当话语意义与其字面矛盾时产生的现象。话语的字面意义与事实是对立的。我们可以将其称为反讽性的蕴涵(ironische Implikatur)。反讽表达的特点是语义双关或反说,这些都暗指与此相反的东西。Groeben 认为:反讽性的话语总是出现在冲突性的交际语境中。他认为使用反讽性的表达可以使语言表达富于乐趣(macht Spaβ,sprachlich interessanter①)。

Muecke 认为:Die Grundlage aller Ironie ist der Kontrast zwischen der Wirklichkeit des Ironikers und dem Schein.② 因此,为了把讽刺表达清楚,达到讽刺效果,所言与所欲之间的反差对比一定要尽可能强烈。

4.5.3.1 反讽性表达:正话反说

例131:③

和实际情况明显的矛盾:

Szenario:Es regnet im Strömen.

Schönes Wett.

隐含意义:Heute ist scheuβliches Wetter.

在具体的语境中,这样的表达可以用以向受话者发出:

a. 挽留的言外之意:雨这么大,别走了。

b. 威胁性的言外之意:雨这么大,你还敢走。

c. 嘲笑、戏谑性的言外之意:雨这么大,你还走,真是傻啊。等等。

Kahvakka 认为:尽管反讽是一种冲突语境中消极性话语应对表达,然而,往往可以收到积极的效果。④

例132:⑤

Szenario:Ein kleiner Junge ist seinem Vater lange durch intensives Trommeln auf die Nerven gegangen.

---

① vgl. Groeben (1986):183 – 184
② vgl. Kohvakka (1997):31
③ 例131 – 例132 引自:Hans – Werner (2008):185
④ vgl. Kohvakka (1997):22
⑤ Rolf (1994):237

Der Vater sagt：Du solltest unbedingt schön weitertrommeln. "

父亲话的隐含意义是：Weitertrommel geht mir auf die Nerven. Du sollst so schnell wie möglich damit aufhören.

鉴于二者的关系以及对彼此的了解，儿子可以轻易理解父亲的话，进而停止敲鼓。这样的反讽性表达避免了直接批评带来的冲突与对立。获得了积极的交际效果。

4.5.3.2　语言中的"反讽标记"

Kohvakka 认为：话语反讽效果的获得需要借助反差、受众的知识水平、主题以及反讽标记（möglichst groβe Kontraste，Publikumskennisse，das Thema，Signalgebrauch①）。其中常见的反讽标记（Signalgebrauch）有以下几类：

1）情态小品词

Du bist ja superpünktlich.

Das hast du gut gemacht.

Das ist ja eine schöne Geschichte.

2）最高级表达

Das ist aber am schönsten.

3）语调

Du bist entzückend.（淫荡）

Das ist total interessant.（无聊）②

---

① Kohvakka (1997)：32
② 作者注：该标注曲线为作者根据对话录音语调大致模拟性的标记。

4) 感叹句式

Was das aufregend!

4.5.4 双关

双关也可称之为文字游戏(Wortspiel),就是对话语中对某个词或用语稍作变动,使读者从语音上引起联想,以达到讥讽或幽默的效果。① 双关不仅可以利用读音还可以借助多义甚至是歧义来表达两层含义(表层含义和隐含意义)。

例133:

2006年2月"Süddeutsche Zeitung"刊登了一篇名为"übel mitgespielt"的文章(22.2.2006,S.11)。文章讲述了发生在法兰克福剧院一件引发轰动的事件:一名演员在演出中,突然中断表演,而到观众席中抢走了在座的一位戏剧评论家的笔记本。事后这名演员被辞退。

文章标题的双关性清晰且又富于表现力:它借用了惯用语表达 jemandem übel mitspielen,以该词组的字面意义来表达:评论家观赏表演时的记录对演员构成了压力,演员的行为将该评论家推向了舞台,迫使评论家参与到这出戏剧表演中(mitspielen),参与了这出悲喜剧。另一方面,该词组的真正含义表达了这一事件使这位评论家和演员均受到损害。评论家被推向了舆论批评的风口浪尖;而演员被开除,为此成了"艺术自由的殉道者"。这恰恰就是这篇报道标题向读者传达的双关性隐含意义。

4.5.5 夸张

夸张(Hyperbel)是在客观事实的基础上,对事物的形象、特征、作用、程度等故意加以扩大或缩小的描写,是一种"言过其实"的修辞方法。②
如:Schneckentempo,todmüde,Herz aus Stein.

---

① 陈晓春(1998):242.
② 陈晓春 (1998):234

4. 语境触发的说话人隐含意义的建构手段

夸张的目的是达到陌生化或褒扬的效果。夸张使话语意义趋于隐含、迂回，它往往蕴含了说话人特定的隐含意义和情感评价。

例 134：①

Szenario：Paul schreit ziemlich laut.

如果表达为 Paul schreit ganz Leipzig zusammen. 那么就是以夸张手段表达了 Paul ist recht laut. 隐含了说话人对此的厌恶、批评性的态度评价意义。

此外：

例 135：②

a. Das habe ich schon hundertmal gesagt. 代替 Ich habe schon mehrmals gesagt.

b. Es regnet in Strömen. 代替 Es regnet stark.

c. Ich habe einen Bärenhunger. 代替 Ich habe großen Hunger.

这些夸张性的表达，在不同的语篇语境中，衍生出或是请求、或是指责、或是敦促又或是讽刺性的隐含意义。

例 136：

Für diesen Gasprom – Tower, diese glas – und strahlglitzernde Manifestation der Macht；Darf nur der Himmel die Grenze sein.（Der Spiegel, Nr. 10/5.03.07. S. 121）

同样出自上文提及的关于俄罗斯天然气公司发展与扩张的文章。在这个节选的句子中，为了描述 Gasprom – Tower 的高度，作者有意夸张性表达为 Darf nur der Himmel die Grenze sein. 其衍生的隐含意义：Gasprom – Tower 直入云霄，可见其财力雄厚，是俄罗斯的地标性建筑。结合后文的语境，表达了作者的担忧：Gasprom 将成为俄罗斯控制世界经济命脉的武器。

---

① Hans – Werner (2008)：189
② http：//de. wikipedia. org/wiki/Hyperbel_(Sprache)

4.5.6 同义反复

同义反复(Tautologie)是指语义信息的重复,用于加强语气或表达特殊的情感体验。使之得到多角度的充实和强化,从而给读者或听众留下深刻的印象的修辞手段。[1]

例 137:[2]

a. Krieg ist Krieg.

b. Kinder sind Kinder.

c. Die Ehre ist die Ehre.

d. Ein Kind ist ein Kind.

e. Entweder es klappt, oder es klappt nicht.

交际理论认为:同义反复不是话语的信息重复,重复的信息往往蕴含说话人隐含的态度评价,具有深刻的语境含义。Fraser 指出:同义反复必须以交际双方对该事物具有共有的认知视角为前提。同义反复是论断型的以言行事,说话人试图以此来获得受话者对其话语的认同和信任。[3]

4.5.6.1 同义反复的内部分类

从语义关系和外在形式上,可以将同义反复分为以下几种类型:[4]

a. 对立式(Disjunktive[p v - p])

Entweder er ist zu Hause, oder er ist nicht zu Hause.

b. 条件式(Konditionalsätze[p→p])

Wenn er zu Hause ist, dann ist er zu Hause.

c. 等值式(Äquative)

c1 名词性等值(nominale Äquative [a = a])

---

[1] 杨时(1997):73
[2] http://de.wikipedia.org/wiki/Tautologie_(Sprache)
[3] vgl. Fraser (1988):215
[4] Autenrieth (1997):12

>>> 4. 语境触发的说话人隐含意义的建构手段

Krieg ist Kreig.

Ein Kind ist ein Kind.

Kinder sind (halt) Kinder.

Die Uni ist halt die Uni.

Deine Kinder sind (halt) deine Kinder.

c2 形容词性/副词性等值(adjektivische/adverbiale Äquative [a = a])

Gesagt ist gesagt.

Heute ist heute.

d. 逆推式(Subordinationstautologien [p←p])

Es ist so, weil es so ist.

Es ist soweit, wenn es soweit ist.

e. 关系从句式(Relativsätze [p←p])

Was ich will, das will ich.

Ich sage, was ich sage.

同义反复中名词性同义反复是最常见也是最值得关注的语言冗余现象。下面来重点考察名词性同义反复。

4.5.6.2 冠词对同义反复引发的语境隐含意义的制约作用

例 138：①

A：Die Kinder haben mal wieder das ganze Haus auf den Kopf gestellt.

B：(a) Kinder sind eben Kinder.

(b) Deine Kinder sind eben deine Kinder.

(c) Die Kinder sind eben die Kinder.

B 的回答中：a 句是说话人就孩子们的一般个性而言，而 b 句则是直指 A 话语中所说的孩子，其话语可能蕴含了对孩子缺乏教养的批评的言外之意。c 句则表达了对话语双方共知的某个特定群体的孩子们共性的

---

① Autenrieth (1997)：18

否定之意。

下面这个例子与上例有异曲同工之妙：

例139：①

A：Läβt du dir etwas vom Stellvertreter deines Chefs etwas sagen?

B：(a) Chef ist Chef.

(b) Der Chef ist der Chef.

(a)是就所有领导的共同特性而言。而(b)则是就某一领导而言。

例140：②

A：Willst du tatsächlich mit dieser Rostlaube durch ganz Europa fahren?

B：Warum nicht? Ein Auto ist ein Auto.

A：Es stimmt nicht, dass ich unnötig die Welt verpeste. Mein Auto hat einen Katalysator.

B：Ach komm, ein Auto ist ein Auto.

上面两个对话涉及了汽车两种不同的性能。第一段对话：汽车适合作为长距离交通工具。第二段对话：汽车会带来环境污染。

4.5.6.3 名词数的变化对同义反复引发的语境中说话人隐含意义的制约作用

再看下面这个例子：

例141：③

Das Ehepaar Herr und Frau A schauen fern. Der Film wird unterbrochen für eine Werbung für Bier. Ein Mann spricht: Meine Frau steht schon seit Wochen in der Küche und bereitet das Essen für Weihnachten vor. Ich bin für die Getränke zuständig, und ich werde Veltins Bier kaufen.

---

① Heim (1991):487
② Autenrieth (1997):20
③ Chur (1993):53

<<< 4.语境触发的说话人隐含意义的建构手段

(a) Herr A (grisend):Der Mann ist eben der Mann.

(b) Frau A (kopfschüttelnd):Männer sind eben Männer.

a,b 两句表达了对传统男性角色定位中两种完全对立的看法。a 句表达了一种肯定性的评价意义,而 b 句则表达了否定性的评价意义。

5. 语境中说话人隐含意义生成的语用策略

策略是游戏理论(Spieltheorie)范畴的概念。Thimm 认为:Strategie ist eine Einheit der kognitiven Planungsebene, die sich in Strategieschritten auf der Handlungsebene manifestiert. ①

因此,策略是实现行为认知层面的行为。策略具备以下特征:②

1) Strategisches Handeln erfolgt auf der Grundlage eines Handlungsplan.

2) Strategisches Handeln zeichnen sich durch Verschachtelung in weitere Handlungsmuster aus, v. a. aber auch durch die Ineinanderschachtelung verschiedener Ziele, die mit einer Handlung ausgeführt werden.

3) Strategisches Handeln ist das Ergebnis eines bewußt und reflektiert erstellten Handlungsplans, der aber auch weniger stark reflektierte Elemente wie Routinen enthalten kann.

由此可见:

1) 策略源于交际行为的期待。Burgoon 认为:行为期待是一个复杂的体系,它包含:话题的展开、交际者之间的关系以及对话的组织模式(Thematische Entwicklung, die Beziehung zwischen den Interaktanten, der

---

① Thimm (1990):50
② Thimm (1990):63

Modus der Gesprächsorganisation①）。

2）策略与行为交际模式相关。策略是一种高级模式（Supermuster），这种模式通过各种行为模式（Handlungsmuster）来实现。

语言是一种行为，因而，话语行为也是一种策略行为。语言使用被看作是发话人和受话人不断做出选择的过程。选择的过程是语境和语言选择二者相互顺应的动态过程。② Penmann 也指出：Strategien sind ohne ihre Einbettung in Situationen und ihre Verknüpfung mit bestimmten Interaktionsrollen nicht erklärbar. ③

语用策略就是语言使用者利用一定语境中语言结构选择产生的具体言语意义达到交际目的的手段或者途径。在语用学领域，语用策略主要是研究语言使用者如何通过隐含意义或者间接语言、隐含意义与明示意义、直接性语言与间接性语言之间的切换达到交际目的的方式。④ 为了进一步深化对隐含意义在不同文体层面的研究，下文将主要借助大量媒体语篇语料（主要选取的是媒体中的采访语篇）辅以部分日常生活中的会话语篇语料来深入考察不同语用策略可以实现何种说话人的隐含意义。

5.1 矛盾型策略

矛盾型策略是指话语的字面含义与其结合具体语境后衍生出的隐含意义相互矛盾的语用策略。简而言之，就是字面意义与说话人的隐含意义是对立的、相反的。因此，矛盾型策略在具体使用中表现为：违背交际

---

① vgl. Gruber（1996）：295
② 何自然（2011）：129.
③ vgl. Gruber（1996）：288
④ 刘森林（2007）：1

期待、不一致、对立、矛盾。这种同一话语内部通过自相矛盾的方式来传达言外之意的语用策略可以被视为矛盾型的隐含意义生成策略。

矛盾型策略在某种程度上是一种面子管理策略。具体表现为正面面子策略与负面面子策略。正面面子策略强调交际双方的密切关系,是一种一致性的策略(solidarity strategy);而负面策略强调听话人的自由权利,是一种顺从性的策略(deference strategy)。[1] 在言语交际中,说话人应努力与受话人保持一致,避免伤害听话人的面子。因此,矛盾型策略就成了掩盖对立,制造表面一致的话语礼貌良策。矛盾型的策略表现为两种常见的具体形式:

1) 明肯定,实否定;
2) 明否定,实肯定;

5.1.1 明肯定,实否定:一致准则与隐含意义

明肯定,实否定:就是话语的字面意义是肯定的,而其隐含意义表达却是否定的。在媒体采访中,当受访者面临采访者富于攻击性的问题时,受访者往往通过话语字面意义的肯定,首先表达了对采访者问题的看似肯定的态度,然后,紧接着会利用后面话语的转折关系、蕴含关系等表达出否定的言外之意。这一策略符合 Brown&Levenson 提出的礼貌原则中的一致准则:即

1) 尽量缩小与受话者之间的分歧和独立。
2) 尽量扩大与受话者之间的一致。

通过有效地扩大与采访人的一致,从而降低了受访者与采访人分歧引发的话语冲突与交际困境。Maynard 认为:回避冲突的常见技巧有:接受(Akzeptieren),转移(Einlenken),忽略(Nicht – Beachten)。[2] 其中接受就是一种一致的过程。

---

[1] 刘森林(2007):133
[2] vgl. Gruber (1996):24

例 142：①

A：Ihnen laufen alle Parteimitglieder davon! Haben Sie Angst Ihren Job als Parteisekretär zu verlieren?

B：Die Austrittswelle ist beängstigend. Doch glaube ich, dass bereits dieses Jahr viele neue Mitglieder aufgenommen werden.

采访者提出了十分具有挑衅性的问题 Haben Sie Angst Ihren Job als Parteisekretär zu verlieren? 使交谈陷入了攻击极强的语境中，而作为受访者尽管受到话语的伤害与威胁，为了挽回面子，赢得话语的主动权，就必须对此进行有效回应。为此受访者采用明肯定，实际否定的语用策略。明肯定一方面是为了部分迎合采访者提出的观点和态度，从而降低话语的冲突性：退党事件确实是令人很生气的事情（Die Austrittswelle ist beängstigend.），而紧接着通过进一步介入新的事件或引入新的事实间接性表达了否定性的隐含意义：今年将会吸收许多新的成员（Doch glaube ich, dass bereits dieses Jahr viele neue Mitglieder aufgenommen werden.），那么也就意味着，由于有新的党员加入，老党员的退党对政党的运行和发展并不会带来很大的冲击和影响，从而进一步说明自己作为政党的领导地位不会动摇。通过 doch 一词的转折使话语的隐含意义得到了激发，表达了说话人对问题的否定态度。

下面这个例子可以说是第一种类型的变体。同样是在肯定的基础上表达一种否定的隐含意义，不同的是，这种否定性的隐含意义往往需要借助强调事件的背景信息以及因果关系等来衍生。说话人主动提供事件的背景信息，用此为自己寻找借口或推卸责任。

例子 143：

Interview mit Kurt Beck

Quelle：Der Spiegel（Der Spiegel, Nr. 50/10. 12. 2012. S. 30.）

---

① Friedrichs/Schwinges（1999）：59

Thema: Kurz vor seinem Abschied erklärt der rheinland – pfälzische Ministerpräsident Kurt Beck,63（SPD）,was er nach fast zwei Jahrzehnten an der Macht verlernt hat und was in Mainz besser ist als in Berlin.

Spiegel: Im Ergebnis sind Sie in Berlin gescheitert.

Beck: Das muss man so sagen. Das lag nicht nur an anderen, auch ich habe Fehler gemacht. Aber wenn man immer mit anderthalb Augen hinter sich schauen muss, dann fehlt einem manchmal vielleicht der scharfe Blick nach vorn.

当记者指出，Beck在其所在的SPD内部选举失利时，Beck首先对这一事实予以肯定（Das muss man so sagen. Das lag nicht nur an anderen, auch ich habe Fehler gemacht.），但是后面的陈述明显为选举失利找借口（用了很形象的比喻，强调了身边的障碍使其分身乏术），实际利用隐喻性的表达（mit anderthalb Augen hinter sich schauen müssen）来表达内部有人搞破坏，不得不分心处理内部矛盾，因此对外部形势缺乏足够的理性决断（einem der scharfe Blick nach vorn fehlen），这无疑是对前面肯定的一种部分否定。其话语的隐含意义在于，他不认为选举失利的责任在个人，或者说他并不认为在那种形势下他是失败的。利用话语的因果关系，衍生出隐含性的否定意义。

明肯定,实否定是一种面子挽救策略。说话人以此来建构正面面子。正面面子策略隐含着寻找共同点或者共享言语互动中的所需。① Brown & Levinson 认为：正面面子策略的核心是寻求一致，避免分歧和异议。表现为具体言语交际中，说话人可以采用象征性同意（token agreement）、假装同意（pseudo - agreement）、善意的谎言（white lies）以及留有余地（hedging）等话语策略。②

明肯定，实否定就是象征性同意的语用策略。看起来表达了同意，实

---

① 刘森林（2007）:135
② vgl. Brown&Levinson（1987）:70 - 83

<<< 5. 语境中说话人隐含意义生成的语用策略

则却往往另有玄机。它是交际过程中说话人一种为了避免正面、直接冲突的话语策略，在尽可能缩小与听话人分歧的基础上，它巧妙运用了隐含意义与字面意义的对立关系，推动了交际的进程，同时也为话语者在相对平和的语境中赢得了话语的主动权。

5.1.2 明否定，实肯定：谦虚准则、得体准则与隐含意义

与上面情况不同的是，下文即将讨论的第二类矛盾型的隐含意义生成语用策略：明否定，实肯定。否定的字面意义，而肯定的是隐含意义。

例144：

Interview mit Salil Shetty

Quelle：Spiegel Online www.spiegel.de/spiegel/print/d-126149116.html

Thema：Salil Shetty, 53, Generalsekretär von Amnesty International, über die Hightech-überwachung der EU-Außengrenzen, das Versagen der Flüchtlingspolitik und das Schweigen Angela Merkels.

Spiegel：Mr. Shetty, hat sich die Situation der Menschenrechte in der Welt seit Ihrem Amtsantritt 2010 verbessert?

Shetty：Nun, ich wäre größenwahnsinnig zu behaupten, das hätte etwas mit mir zu tun. Aber seit 2010 haben wir immerhin den Arabischen Frühling erlebt, Protestbewegungen von Iran bis Brasilien. Das heißt nicht, dass überall eitel Sonnenschein herrscht. Aber wir haben an vielen Orten größere Medienfreiheit, der Zugang zum Internet ist für viele Menschen einfacher geworden, und die Twitter-Explosion ist einfach unglaublich.

这是《明镜周刊》采访世界人权组织总干事 Salil Shetty 的节选。记者的提问直接触及了：Hat sich die Situation der Menschenrechte in der Welt seit Ihrem Amtsantritt 2010 verbessert? Shetty 回答中第一句话：Nun, ich wäre größenwahnsinnig zu behaupten, das hätte etwas mit mir zu tun. 表面上表达了人权问题的好转与他个人当选并无直接关系。紧接着的Aber……

143

通过列举自 2010 年来一系列人权方面取得的成果隐晦地传达了：自我当选以来，世界人权事业取得了可喜的发展，其隐含意义是：对上述问题的肯定，即我为人权事业做出了很多贡献。特别是 Shetty 在回答中，将 wir 代替了 ich，在凸显团队中无形也强调个人作用。

这里的明否定是一种谦虚、委婉的礼貌语用策略，通过负面面子策略中的自贬表面上是否定个人；而实肯定正是借助这种委婉自谦的否定得到了强化和凸显。

明否定，实肯定有时也出于说话人有意回避言语中令人不快部分的策略考量。Leech 的得体准则强调：尽量减少表达有损他人的观点。即"避免说那些关于他人的不愉快的事情，特别是关于听话人的事情。"[①]也就是说，说话人在语言选择时要尽可能地回避伤害第三方或是受话人的表达，降低甚至消除言语对他人的贬损。我们来看下面这个例子：

例 145：

Interview mit Frank – Walter Steinmeier

Quelle：Bild www. bundesregierung. de/Content/DE/Interview/2014/06/2014 – 06 – 2

Thema：Der Krieg im Irak, die Krise in der Ukraine：Außenminister Steinmeier spricht in einem Zeitungsinterview über Hoffnung und Rückschläge in der Außenpolitik. Er betont：Die Bundesregierung wird sich weiterhin mit Nachdruck für politische Lösungen einsetzen.

Bild：Sind Sie persönlich enttäuscht von Putin?

Steinmeier：Enttäuschung ist keine Kategorie von Außenpolitik. Trotzdem：Ich hätte erwartet, dass sich Russland besser an internationale Spielregeln hält.

这是一篇出自《图片报》采访德国外长 Frank – Walter Steinmeier 的节选。在谈到乌克兰危机时，记者提出了是否对普京在乌克兰危机中的行

---

① vgl. Leech（1983）：135

为感到失望的问题:Sind Sie persönlich enttäuscht von Putin？ Steinmeier 同样采取了矛盾型的作答策略。体现在:他的回答的第一话:Enttäuschung ist keine Kategorie von Außenpolitik.（失望不属于外交政策领域的范畴。）似乎传递了对问题的否定态度。而紧跟着的第二句话 Trotzdem：Ich hätte erwartet，dass sich Russland besser an internationale Spielregeln hält.，话锋一转,使用第二虚拟式间接表达了对上述问题的肯定:尽管如此,我期待:俄罗斯能更好地遵守国际游戏的规则。那么其隐含意义也就意味着普京在乌克兰危机中的态度和行为并没有遵守国际规约,是一种践踏国际准则的行为,是一种让人失望的行为。

矛盾型的隐含意义生成策略是礼貌策略的一种具体表现。通过字面意义与隐含意义的矛盾关系掩盖了话语的冲突性,降低了话语对说话人与受话人的伤害,表达了说话人礼貌、谦虚、委婉的语用意图。因此,矛盾型策略可以被认为是一种根植于明示意义、语境和礼貌原则这三种要素互动产生的会话隐含意义的策略。①

5.2　隐性否定策略

隐性否定,也称含蓄否定,它是相对于显性否定而言的,指的是不出现否定形式而具有否定意义的否定。② 一般认为隐性否定往往需要借助:蕴含否定意义的词汇、表达以及特定的句式来生成话语的否定意义。而我们这里要讨论的语用隐性否定,它的生成不依附于词汇或表达的显性或隐性的否定意义,而主要考察语境对话语否定意义的建构作用。因此,隐性否定策略是将话语的否定之意通过使用一定的语用策略隐藏的过程。Gruber 认为隐性否定是一种语用否定,表达的是一种语用对立

---

① vgl. Cruse（2000）:364
② 李宝贵(2002):1

(pragmatische Widersprüche),并指出:

Pragmatischer Widersprüche tragen keine direkte Widerspruchsindizierung (d. h. explizite Formen der Negation der Bezugsäußerung), ist bei ihnen auch die kohäsive Verknüpfung zwischen Bezugsäußerung und Widerspruch wenig stark als im Fall direkter Widersprüche. Damit erlaubt ihre Verwendung sowohl, neue inhaltliche Aspekte einzubringen, als auch, sich auf schon vorher geäußerte Positionen zurückzuziehen. D. h. dass pragmatische Widersprüche sowohl monologisch wie auch dialogisch sein können. [1]

隐性否定所要传递的信息,在大多数情况下都不是交际另一方希望得到的"消极"信息,如:表示反对的信息、表示拒绝的信息、表示指责的信息、表示讽刺的信息等等。[2] 因此,为了避免这些信息直接传达对受话者带来的威胁与伤害,隐性否定就显得十分必要。常见的隐性否定策略表现为:

1)无肯定亦无否定,但否定之意寓于语篇之中;

2)划定范围与有条件的肯定。

5.2.1 无肯定亦无否定,否定之意寓于语篇之中

这种类型表现为:字面意义没有传达否定或肯定的意义,然而结合语境,可以得出否定性的隐含意义。

例 146:

Interview mit Antje Gahl

Quelle: Der Spiegel www. spiegel. de/spiegel/print/d – 127396617. html

Thema: Antje Gahl, 46, Ernährungsberaterin und Sprecherin der Deutschen Gesellschaft für Ernährung (DGE), erklärt, warum 64 Prozent der Männer und 49 Prozent der Frauen in Deutschland zu viel wiegen.

---

[1] Gruber (1996):168
[2] 孙瑶(2009):13

<<< 5. 语境中说话人隐含意义生成的语用策略

Spiegel:Frau Gahl,nach jüngsten Erkenntnissen ist jeder zweite Deutsche zu dick. Die DGE hat das Ziel,dass sich die Deutschen gut ernähren. Sind Sie gescheitert?

Gahl:Wir können nur Empfehlungen geben. Die Verantwortung trägt jeder Einzelner. Wer Schokolade essen will,isst Schokolade und fragt meistens vorher nicht die DGE.

这是《明镜周刊》采访德国营养学会发言人 Antje Gahl 的节选。当记者提到:德国近一半的人口存在超重问题,这是否意味着营养学会工作的失职。Gahl 并没有直接就这个问题进行肯定或否定的答复。而是指出:学会工作职责是提出建议,而对食物的选择和控制并不会受到其制约。其隐含意义是:现在的肥胖问题不能说明其工作的失职。

在这段采访中,Gahl 多次使用间接性的隐性否定。

例 147:

Spiegel:Der Bund fördert Ihre Arbeit mit über drei Millionen Euro im Jahr. Ist das rausgeschmissenes Geld?

Gahl:Wir tragen Forschungsergebnisse zusammen,wir organisieren wissenschaftliche Tagungen,wir bilden Kinder in Kitas fort.

对于记者的提问,Gahl 同样没有直接肯定或否定,而是通过列举一系列的事实证实营养学会的工作并没有浪费国家的经费支持。因此,衍生出否定性的隐含意义。

5.2.2 有条件的肯定

说话人对肯定划定一定的条件,意味着超出条件的否定。

例 148:

Interview mit Frank – Walter Steinmeier

Quelle:Bild www. bundesregierung. de/Content/DE/Interview/2014/06/ 2014 – 06 – 2

Thema：Der Krieg im Irak, die Krise in der Ukraine：Außenminister Steinmeier spricht in einem Zeitungsinterview über Hoffnung und Rückschläge in der Außenpolitik. Er betont：Die Bundesregierung wird sich weiterhin mit Nachdruck für politische Lösungen einsetzen.

Bild：Machen Obama und die US – Außenpolitik in der Region(der Mittlere Osten)alles richtig?

Steinmeier：Die diplomatische Antwort lautet：Ja.

这也是上文提及的出自《图片报》采访德国外长 Frank – Walter Steinmeier 的节选。记者的问题是：Steinmeier 认为奥巴马以及美国在中东问题上的政策是否正确？Steinmeier 的回答是一种划定界限的肯定（Die diplomatische Antwort lautet：Ja. 从外交层面考虑的话，我认为是正确的。）条件与界限的超越就会衍生隐含意义：如果不从维护关系的角度考虑，或许 Steinmeier 就不会认为美国的中东政策是正确的。这种设定界限的话语传达了超出界限后话语的隐含意义，因此，是一种界内作答引发的隐含意义。

5.3　对比型策略

对比就是把具有明显差异、矛盾和对立的双方安排在一起，进行对照比较的方法。对比的过程就是凭借对一个对象的认识来认识另一个对象。通过对比突出显示事物的矛盾，突出其区别于其他事物的本质特征和属性，从而形成认知上的关注和体验。[1]

在隐含意义衍生的语用策略中，对比也是常见的话语表达方式。具体表现在：话语者借助话语字面意义创设出两种或多种可以进行参照比

---

① 刘江(2006)：194

较的事物或关联,借助这些事物和关联之间的差异性使受话者由对比顺势产生隐含意义,从而形成更加强烈的认知感受。

例 149:

我们来看下面这则广告:

Am besten zeigt man die Kraft und Effizienz des Diesemotors mit der Begeisterung des Fahrers auf der Autobahn und an der Tankstelle. Aber muss dieses Auto etwas beweisen?

(Werbeanzeige BMW. Der Spiegel 12. 07. S. 41)

这是宝马公司 2007 年刊登在 Spiegel 上的一则平面广告。广告的前半段都在就车辆的动力与性能对读者进行引导性的提示。这种引导性的提示是就一般车辆的性质而言,最后一句的反问句 Aber muss dieses Auto etwas beweisen? 使此广告语篇瞬间产生了对比效应,隐含意义即刻迸发:宝马车的性能与动力根本无须在高速路和加油站去印证,它的优秀体现在驾车的每一个瞬间……

例 150:

Im Winter, als in Berlin Frank – Walter Steinmeier, Joschka Fischer und Gerhard Schröder komplizierte, internationale Hintergründe der Staatsaffäre Kurnaz erklären mussten, als Amerikaner, Deutsche und Türken sich gegenseitig Bälle zuwerfen und die Presse stolz und erschüttert aus internen Vermerken des Bundesnachrichtendienstes zitierte, transportierte Joachim Barloschky seinen alten Schreibtisch in eine verlassene Erdgeschosswohnung der Bremer Neubausiedlung Tenever und stellte seinen Stuhl dahinter, auf dem Marut Kurnaz seinen Weg zurück in die deutsche Gesellschaft antreten sollte. Barloschky hatte den Fall Kurnaz in den Medien verfolgt und so erfahren, dass der junge Mann, der viereinhalb Jahre in Guantanamo gefangen gehalten wurde, momentan nicht krankenversichert ist und nicht sozialversichert. (Der Spiegel, 12. 07. S. 70)

这篇文章的背景信息是德国的库尔纳茨事件。库尔纳茨(Kurnaz),

149

话语的弦外之音 >>>

德国不来梅人,于 2001 年底在巴基斯坦被捕,后被转到阿富汗关塔那摩监狱。此后,欧盟一个特别委员会报告指出,早在 2002 年 10 月,美德情报部门就已经了解到,库尔纳茨是无辜的,但直到 2006 年夏季才将其释放,无端忍受了 4 年多的牢狱之苦。库尔纳茨案件在德国引起了轩然大波,其轰动效应牵动了德国当时的政坛。矛盾直指总理府部长施泰因迈尔,因为当时他主要负责情报部门的工作。舆论普遍认为,他应该最早知道实情。为此,联邦议院成立了专门的调查委员会,调查联邦政府为何拒绝美方释放库尔纳茨的建议。后来,随着事件进一步的发酵和升级,迫使时任德国总理施罗德向德国媒体表示,他将承担该事件的所有责任。

这段节选自《明镜周刊》的文章片段一开始通过三个 als 从句描述了库尔纳茨事件后各方的表现:就在德国高层从总理府部长 Steinmeier,到外长 Fischer 再到时任总理 Schröder 都忙于为这一丑闻寻找借口,德国、美国和土耳其之间互相推诿,媒体战战兢兢地替上层发言之时,德国普普通通的一名社会公益事业家 Barloschky 却忙着在其 Bremen 的 Teneve 办公室里为 Kurnaz 安排工作桌椅,解决工作吃饭问题。Barloschky 关注到:释放后的 Kurnaz 既没有社会保障也没有医疗保障,生活举步维艰,帮助他尽早回归正常的社会和家庭生活才是当务之急。短短数言凸显了对比与反差:高层政治人士与普通民众一员、国家政治事件与社会生活保障、政治家与社会公益家对此事截然不同的表现和关注点。文章鲜明的对比巧妙间接地传达了作者对当局的不满,充分引发了读者的共鸣,传达了语篇的隐含意义:政治领导人在丑闻事件中对当事者缺乏人性关怀,事件文章中的 kompliziert 用来修饰 Hintergründe der Staatsaffäre Kurnaz 讽刺意味十足,刻画了这些国家政要为这一丑闻事件寻找托词绞尽脑汁。进一步深化了作者对他们的否定评价。

5.4 感情色彩偏移型策略

这里话语感情色彩偏移是指话语字面意义的感情色彩与实际表达的隐含意义的感情色彩相异或相对。我们将话语感情色彩偏移而产生的隐含意义分为以下几种：

1) 带有克制感情来表达含蓄的赞许、批评、评价、同情等隐含意义。也就是通过含蓄性话语而产生的委婉性隐含意义，从而使话语中的消极成分得到中和(Neutralisierung)甚至上扬(Positivierung)。Ditel 认为：委婉性的表达具有弱化和掩饰功能。① 弱化语言中对立、冲突，而掩饰语言中令人不快的成分。

例151：②

Szenario：Aus der Konzertbeschreibung eines Musikkritikers.

Herr K erzeugt eine Lautfolge, die in enger übereinstimmung mit der Partitur der Arie des Papageno stand.

其隐含意义：Die Ausführung der Arie des Papageno durch Herrn K, war aus irgendeinem Grund nicht normal.

这里评论家对音乐会的评价以一种含蓄性的肯定性评价委婉传达了否定性的批评之意。

2) 使用"夸张"的口吻表达说话人的"喜爱""厌恶""赞许""反对"等隐含意义。

例152：

Szenario：Paul ist gerade etwas lauter geworden.

Paul schreit ganz Leipzig zusammen. 表达了说话人厌恶、讨厌和反感

---

① vgl. Dietl (1996):1
② 例151－例153引自：http://tuprints.ulb.tu-darmstadt.de/331/1/DissHandl.pdf

的隐含意义。

3) 使用讥讽的方式表达说话人的不满、气愤与蔑视等隐含意义。即通过反讽产生讥讽性的隐含意义。这种隐含意义源于人们价值判断中的对立性。

Bei ironischen Äußerungen ist die Relation zwischen Gesagtem und Gemeintem die einer Opposition zwischen positiver und negativer Wertung.① 即交际者对该话语涉及的事态和状况同时具有积极和消极的价值认知。

例153：

Szenario：Tom ist zu spät in die Schule gekommen.

Lehrer：Zu früh gekommen.

老师的话涉及两种价值判断：按时上学和迟到；学生通过老师的话轻易地激活自己相应的价值判断中的消极部分,理解了老师以反语的方式表达对自己迟到的不满。

感情色彩偏移策略是通过改变话语方式使其语气发生变化,它可以是正话反说、反话正说,也可以是重话轻说、轻话重说。因此它往往是含蓄内敛,形式迂回。在某种程度上弱化事物的本质,掩盖事物的真实性。

5.5 转移型策略

转移就是绕开原有话题,目的往往是避免话语的正面冲突、将话语引入有利于说话人的语境中或是不愿透漏或无法给予原话题更多信息。在实际应用中它常常表现为转移话题、把问题还给对方、答非所问或是刻意曲解。

---

① Lapp (1992):123

5.5.1 刻意曲解

Schank 认为刻意曲解是一种 Dominanzstrategie。

Dominanzstrategie dienen zur Durchsetzung des Standpunkts eines Kontrahenten, wobei die Position des Konfliktgegners absichtlich falsch oder mißverständlich dargestellt wird, um einen Vorteil daraus zu ziehen. ①

例154：

Interview mit Gred Müller

Quelle：Die Welt

www. bundesregierung. de/Content/DE/Interview/2014/06/2014 - 06 - 23 - mueller - welt. html

Die Welt：Sie fahren nicht nach Brasilien – aus Protest gegen die Missachtung von Sozial – und Umweltstandards.

Müller：Dazu ist das Notwendige gesagt von meiner Seite. Was den Sport angeht, bin ich ein leidenschaftlicher Fußballfan, und da meine Frau Niederländerin ist, können Sie sich vorstellen, welche Finale bei Hause Favorit ist.

这是一段《世界报》就难民接收和救助问题采访德国发展部长 Gred Müller 的节选。问题是：您是否因为抗议的呼声而不去巴西观战世界杯？Müller 并没回答记者的提问，而是避重就轻、刻意曲解，就足球谈足球，表面上在说自己是德国人，太太是荷兰人，很难说什么样的结果是家里人愿意看到的，似乎这才是他无法去现场看球的原因，而实则以这种方式绕开了记者攻击性的问题。

---

① Schank（1987），vgl. Gruber（1996）:298

5.5.2 把问题还给对方

例 155：

Interview mit Schimon Peres

Quelle：Der Spiegel（Der Spiegel，Nr. 50/10. 12. 12. S. 107）

Thema：Wir sollten einen Schlussstrich ziehen.

Israels Präsident Schimon Peres widerspricht der Kritik seines Premiers：Er lobt Angela Merkel，findet die Uno – Aufnahme Palästinas nicht schlimm und will den Friedensprozess wiederbeleben – ohne Vorbedingungen und Vorwürfe.

Spiegel：Bei der Uno – Abstimmung hat sich Deutschland enthalten. Ein Grund war die Enttäuschung von Kanzlerin Angela Merkel，dass Netanjahu bisher keine Verhandlungen aufgenommen hat. können Sie diese Haltung verstehen？

Peres：Wenn Sie mich fragen，was mir denn lieber wäre – ein deutsches Europa oder ein europäisches Deutschland，ziehe ich ein europäisches Deutschland vor. Und diese Abstimmung war für Deutschland ein Ausdruck seiner europäischen Haltung.

这是一段《明镜周刊》于 2012 年采访以色列总统佩雷斯的节选。当记者问到佩雷斯如何理解德国总理就巴以问题在联合国表决中弃权时，他并没有直接批评德国的弃权行为，而是通过解释德国的欧洲还是欧洲的德国这一问题巧妙地把问题还给对方，实则这种回答已包含了佩雷斯对此事件的评价和态度：德国弃权是其谋求欧洲霸权的表现。

5.5.3 转移话题

在日常交际中，转移话题是常见的话语转移技巧和策略。它是指：Gesprächsteilnehmer versuchen in Konfliktgesprächen dem Thema auszuweichen oder auf andere Gesprächsebene zu wechseln. ①Schank 认为:转移是冲突语境中的重要特征之一(Merkmale konfliktärer Gespräche),②如在下面的语境中:

例 156:

Szenario:Im Büro. A hat nicht bemerkt, dass der Chef gerade in seine Nähe kommt.

A:Der Chef ist heute wieder einmal zum Kotzen!

B:Findest du nicht auch, dass heute phantastisches Wetter ist?

B 的答语显然是一种直接岔开话题的手段,其隐含意义可以理解为:Wir sollen besser über etwas anderes reden.

例 157:

Interview mit Johannes Teyssen

Quelle:Der Spiegel www. spiegel. de/spiegel/print/d – 126014787. html.

Thema:E. on – Chef Johannes Teyssen,54,über die Krim – Krise und die Folgen für den Russland – Handel.

Spiegel:Russland hat die Krim völkerrechtswidrig besetzt und von der Ukraine abgespalten. Kann der Westen das so einfach hinnehmen?

Teyssen:Natürlich gibt es eine politische Krise. Und ich hoffe sehr auf eine baldige Entspannung. Aber ich sehe an keiner Stelle irgendwelche Einschränkungen für unser Geschäft. Zoll, Visa, Aus – und Einfuhren, alles läuft völlig reibungslos.

Teyssen 显然不愿更多地谈及政治,而是以此来岔开话题,进而避免涉及敏感性的问题。

从上面例子中,不难发现,岔开话题往往出于回避现实语境中的话语交际困境,使交际向着相对于有利于话语者的方向发展。

---

① Schank (1987):32
② vgl. Schank (1987):32

转移型策略是一种话语的回避方式。回避可以是出于以下几种原因:话语者语言能力不足、缺乏对事件全面而深入的认知、回避话语事实中令人不快的部分、将话题引向有利于说话者的方向等等。

5.6　信息量偏移策略

在言语交际中,信息量偏移表现为给予多量信息和给予不足信息。无论是多量还是不足都是说话者意图性的言语行为,过量或不足的信息都是为了迂回地传达特定的话语意图。

5.6.1　给予过量信息

给予过量信息,或者称为信息的冗余。语言交际中的冗余是指在特定语境中可以取消或简化的语言单位,即:如果一个语言单位所传达的信息已经蕴含在其他语言单位中,或者这种语言信息可以用更简洁的方式表达或与要表达的用意无关,那么这个语言单位便是冗余信息。[1] 因为语言交际中总是由于噪音干扰以及交际各方语言知识水平的不同而受到阻碍,所以,语言发展成为一种含有大量冗余信息的交际手段。[2] 冗余具有语义重复性和可取消性。说话人释放适当的冗余信息,多说话或超出需要量的话,是一种语用策略。因此,冗余不仅是一种语言事实,更是一种交际需要。

例158:

Interview mit Mikael Ohlsson

Quelle:Der Spiegel（Der Spiegel,Nr. 50/10. 12. 12. S. 76）

Thema:Am Ende entscheiden wir.

---

[1] 邹华(2009):1
[2] 语言学辞典(2005):441

<<< 5. 语境中说话人隐含意义生成的语用策略

Ikea – Chef Mikael Ohlsson, 54, über den schwindenden Einfluss von Gründer Ingvar Kamprad.

Spiegel: Greift Ikea – Gründer Ingvar Kamprad noch ins Tagesgeschäft ein?

Ohlsson: Er ist 86 Jahre alt. Er hat das Unternehmen mit 17 gegründet. Er hat sein Leben dafür gelebt. Aber der Übergang hält schon 25 Jahre an, er hat sich immer mehr aus dem operativen Geschäft zurückgezogen. Seit 15 Jahren ist er unser Senior – Berater.

这是《明镜周刊》采访世界家具巨头 Ikea 现任总裁的 Ohlsson 的节选。记者提问本是想了解 Ikea 的建立者 Ingvar Kamprad 现在是否仍在影响 Ikea 的经营管理策略。Ohlsson 的回答没有直接表达是或者不是，而是给出了大量的多余信息，他指出：Er ist 86 Jahre alt. Er hat das Unternehmen mit 17 gegründet. Er hat sein Leben dafür gelebt. Aber der Übergang hält schon 25 Jahre an, er hat sich immer mehr aus dem operativen Geschäft zurückgezogen. 这些陈述看似与问题没有直接关联，但是通过这种冗余式的铺垫陈述，间接、委婉地表达了 Ingvar 已经不再适合现阶段的企业经营和管理。

下面这个例子同样出自《明镜周刊》采访世界人权总干事 Shetty 的报道。

例 159：

Interview mit Salil Shetty

Quelle: Spiegel Online www.spiegel.de/spiegel/print/d – 126149116.html

Thema: Salil Shetty, 53, Generalsekretär von Amnesty International, über die Hightech – überwachung der EU – Außengrenzen, das Versagen der Flüchtlingspolitik und das Schweigen Angela Merkels.

Spiegel: Mr. Shetty, Sie waren vergangene Woche bei Angela Merkel. Halten Sie die Kanzlerin für eine glaubwürdige Anwältin der Menschenrechte?

Shetty: Sie haben unser Treffen ernst genommen, und ich hatte den Ein-

157

druck, dass sie vom Wert der Menschenrechte überzeugt ist. In Bezug auf die Krim – Krise hat sie klar ihre Sorge um die Einhaltung von Menschenrechten ausgedrückt. Aber offen gestanden würde ich mir wünschen, dass Kanzlerin Merkel auch gegenüber Ländern wie China öfter mal Klartext redet. Wenn man bedenkt, wie ungewöhnlich stark ihre Position in Europa und der Welt ist, haben wir von ihr zu dem Thema in letzter Zeit erstaunlich wenig gehört.

在上面 Shetty 对记者关于默克尔是否是人权事业的忠实捍卫者的问题回答中,存在大量的冗余信息,然而这恰恰是 Shetty 故意进行的铺垫,从而削弱了话语的力度,使语言表达间接,迂回地表达了对默克尔在人权态度方面的不满。

5.6.2 给予过少信息

例 160:

Interview mit Frank – Walter Steinmeier

Quelle:Bild www. bundesregierung. de/Content/DE/Interview/2014/06/2014 – 06 – 2

Thema:Der Krieg im Irak, die Krise in der Ukraine:Außenminister Steinmeier spricht in einem Zeitungsinterview über Hoffnung und Rückschläge in der Außenpolitik. Er betont:Die Bundesregierung wird sich weiterhin mit Nachdruck für politische Lösungen einsetzen.

Bild:Machen Obama und die US – Außenpoltik in der Region (der Mittlere Osten) alles richtig?

Steinmeier:Die diplomatische Antwort lautet:Ja.

这个例子是《图片报》采访德国外长 Frank – Walter Steinmeier 的节选。记者的问题是:Steinmeier 认为奥巴马以及美国在中东问题上的政策是否正确? Steinmeier 的回答简单明了:Die diplomatische Antwort lautet:Ja. 似乎并没有传递记者希望得到的更多信息。然而,正是在这种看似

不足的信息表述中,包含了Steinmeier深层的话语策略考量:

1) 不愿过多谈及此问题,该问题为敏感问题,触及自身和多方利益。

2) 个人可能认为美国的中东政策存在很大问题,并不赞同。

5.7 模糊型策略

Wittgenstein曾指出:人们的许多概念具有"模糊的边缘"①。交际是一个从意图到意义的互映过程,在这个过程中,话语作为一个传递信息的载体,其所承载的信息部分,有可能大于也有可能小于发话人的预设意义,从而衍生意义或含意,语用模糊随之产生。②

语用模糊是说话者在特定语境或上下文中使用不确定、模糊的或间接的话语向听话人同时表达数种言外行为或言外之力。③

例161:

Quelle: Kulturspiegel

Thema: Interview mit Tobias Becker über sein neues Buch, Ein Halt, ein fester Halt'

www. spiegel. de/spiegel/kulturspiegel/d – 127795110. html

Spiegel: Wie alt ist das Ideal inniger Freundschaft?

Becker: Älter als das der romantischen Liebe. Bis heute prägend ist eine Schrift aus dem 16. Jahrhundert: Michel de Montaignes Essay "Von der Freundschaft". In ihm steckt der Wunsch nach einem Gegenüber, mit dem man seelenverwandt ist: nach einem Menschen, der einen besser versteht als man sich selber. Nach einer Freundschaft, die über den Tod hinaus halt.

---

① 引自:铁平(1999):106
② 林波,王文斌(2003):6
③ 余东明(1997):29

当记者问到理想的友谊会持续多久时？Becker 使用了模糊性的表达 Älter als das der romantischen Liebe. 友谊远比爱情更加持久。以此来表达难以准确言说的事实。

例 162：

Interview mit Rene Obermann

Quelle:Der Spiegel（Der Spiegel,Nr. 48/ 26. 11. 12. S. 88）

Thema:Telekom – Chef Rene Obermann 49,verteidigt seine US – Strategie und verspricht den zügigen Ausbau schneller Internetverbindungen,sofern die Regulierungsbehörde mitspielt.

Spiegel:Was genau würde der Netzausbau mit dieser Technik kosten?

Obermann:Nur einen Teil der Investitionen eines kompletten Glasfasernetzes,aber immer noch sehr viel Geld. Solch ein großes Ausbauprogramm hätte natürlich auch starke Beschäftigungseffekte.

Obermann 的回答同样也没有给出具体的数字事实,而是以一些模糊性的表达 ein Teil der Investitionen,sehr viel Geld 表达公司投入巨大。实则是为了回避交际困境而不得已的选择（Obermann 不知道也无法确定投资的数额,当前公司面临困境）。

5.8 引申论证型策略

引申就是将已知对象联系到更加深入的层次,从而使该对象得到全面的认识。引申论证型策略表面上看是就对方的问题不做正面直接回答,而是通过陈述其他事实来间接回答问题。实则是将问题进行引申性的剖析和论证,在论证过程中产生了话语的隐含意义。因此,引申策略是一种迂回性策略。引申和迂回往往出于交际情境中的冲突（Konflikt）。Rehbock 认为冲突是：

Jede Interaktion, deren Teilnehmer antagonistische Handlungsziele und/oder beziehungs –, wert –, wissens –, urteilsbezogene Geltungsansprüche wechselseitig behaupten, d. h. kundtun und wenigstens ansatzweise gegeneinander zu verteidigen bzw. durchzusetzen versuchen. Konflikte werde demnach konstituiert durch mindestens dreischrittige Sequenzen gegeneinander gerichteter (konfliktärer) Handlungen ... Konfliktäre Gespräche sind Gesprächsphasen, in denen der Konflikt (überwiegend) konfrontativ, mit dem Ziel der Überwindung der entgegenstehenden Einstellung oder Absichten und/oder mit dem Ziel der Schädigung/Herabsetzung des Gegners ausgetragen wird. ①

Rehbock 上述的界定中 Konflikt 是指一切包含不顺从的言语行为，表达辩解、不同意、反对，甚至是贬低和伤害的行为。

5.8.1 因果引申论证

因果引申论证中，新旧信息之间是通过因果关系呈现的，通过这种因果关系得出说话人的隐含意义。

例163：

Interview mit Johannes Teyssen

Quelle：Der Spiegel www.spiegel.de/spiegel/print/d–126014787.html

Thema：E.on–Chef Johannes Teyssen, 54, über die Krim–Krise und die Folgen für den Russland–Handel

Spiegel：Herr Teyssen, Sie haben fast sechs Milliarden Euro in Russland in moderne Kraftwerke investiert und sind dort mit E.on zum größten ausländischen Stromversorger aufgestiegen. Haben Sie nach der Verschärfung der Krise in der Ukraine Angst um Ihre Investitionen?

---

① Rehbock (1987):177

话语的弦外之音 >>>

  Teyssen：Wenn wir unser Geld mit Spekulationen verdienten, dann würde ich mir jetzt vielleicht Sorgen machen. Aber wir tun etws, was den Menschen Nutzen bringt. Wir haben den wohl modernsten Kraftwerkspark dort aufgebaut, beschäftigen 5000 russische Mitarbeiter und versorgen Tausende Kunden mit Strom und Wärme.

  Teyssen 并没有直接回答记者关于乌克兰危机是否会影响其在俄罗斯投资的问题。而是通过一系列因果逻辑论证来表示他的投资不会因为这场政治危机受到很大影响。其话语的因果关系为：投机生意会受到国家政治危机的影响。我们做的是给人民带来利益的生意，且雇佣大量俄罗斯工人，拥有成千上万的客户。隐含意义：所以我们做的不是投机生意，因此不会受到影响。

  例 164：

  Interview mit Bernd Böttiger

  Quelle：Der Spiegel www. spiegel. de/spiegel/print/d - 127396656. html

  Thema：Der Kölner Anästhesist, Intensiv – und Notfallmediziner Bernd Böttiger, 55, über die Notwendigkeit, Wiederbelebungsmaβnahmen flächendeckens in den Schulen zu lehren.

  Spiegel：Wäre es besser, mehr Notärzte auszubilden?

  Böttiger：Wenn jemand einen Kreislaufstillstand erleidigt, fängt das Gehirn nach drei bis fünf Minuten an abzusterben. Bis der Notarzt kommt, vergehen aber selbst in der Stadt acht bis zehn Minuten. Wir müssen also alles dafür tun, dass mehr Helfer die überlebenswichtige Zeit bis zum Eintreffen des Notarztes durch Wiederbelebungsmaβnahmen überbrücken können.

  当记者问到，是否需要培养更多的急救医生？受访者通过客观阐释：因为心血管疾病发病急，发病初期的抢救十分关键，鉴于各种客观条件，即使培养再多的急救医生，也无法解决发病早期的紧急救护任务。传达的隐含意义是：所以普通人员医疗知识的普及才是关键。

5.8.2 逐层递进式引申

逐层递进式策略,就是通过层层归纳的方法将问题的答案间接传达给对方。逐层递加的信息之间处于平行、递进的关系。

例165:

Interview mit Rene Obermann

Quelle:Der Spiegel (Der Spiegel,Nr. 48/ 26. 11. 12. S. 88)

Thema:Telekom – Chef Rene Obermann 49,verteidigt seine US – Strategie und verspricht den zügigen Ausbau schneller Internetverbindungen,sofern die Regulierungsbehörde mitspielt.

Spiegel:Herr Obermann,auf Ihrer Dauerbaustelle T – Mobil USA haben Sie nichts als Ärger:milliardenschwere Abschreibungen, meuternde Gewerkschafter,verärgerte Aktionäre. Wie lange soll das noch weitergehen?

Obermann:Erstens:T – Mobil USA ist ein profitables Unternehmen,wir verdienen dort immer noch Geld. Zweitens sehen wir neben Schwierigkeiten auch Wachstumschance. Und übrigens:Kennen Sie einen Konzern,der keine Baustellen hat.

Spiegel:Wahrscheinlich sind es wenige. Aber die Telekom – Baustelle in den USA ist so gewaltig,dass sie den gesamten Konzern in Mitleidenschaft zieht. Vor drei Wochen erst haben Sie sieben Milliarden Euro vom Wert der Firma abschreiben müssen. Wann beenden Sie den amerikanischen Alptraum?

Obermann:Wir haben aus der Auflösung der Verträge mit AT&T drei Milliarden Dollar in bar und zudem wertvolle Funkfrequenzen erhalten,die wir jetzt für die Modernisierung unseres Netzes nutzen können…

在这段采访中,记者以攻击性极强的问题开篇 auf Ihrer Dauerbaustelle T – Mobil USA haben Sie nichts als Ärger:milliardenschwere Abschreibungen, meuternde Gewerkschafter,verärgerte Aktionäre. Wie lange soll das noch weitergehen? 瞬间使交际饱含威胁性。Obermann 的答语从两个层面上对其问题予以回击和否定。

1)T-mobil USA 是营利性公司。

2)以反问形式指出没有建设工程的公司是不存在的。

通过这两个层面的逐层归纳,Obermann 实际表达了:记者所说的困境是不存在的,或者说现存的部分问题是每个公司都会有的,这些问题没有对公司和我个人构成任何威胁。

紧接着,记者对 Obermann 的"狡辩"似乎并不满意,继续发出了更加富于攻击性的问题。Vor drei Wochen erst haben Sie sieben Milliarden Euro vom Wert der Firma abschreiben müssen. Wann beenden Sie den amerikanischen Alptraum?

针对这个问题,Obermann 同样使用层层递进信息的策略将问题的答案以引申的方式间接地展现出来。

1)获得 AT&T 合同违约支付的总价高达 3 亿美金。

2)获得了用于线路更新的频段。

这些事实的叠加充分传达了说话人的隐含意义:即使有大额的支出,我们公司的收益仍处于盈利状态,公司发展饱含机遇,并没有所谓的困境。

逐层递进式策略是常见的迂回防御性策略(defensive Strategie)。通过逐层递进的信息组合来对攻击性策略(offensive Strategie, in Konfliktkommunikation, in der ja antagonistische Standpunkte verhandelt werden, die Interaktionsrollen„Angreifer" vs.„Verteidiger" häufig auftreten.①)做出回应。

此外,引申型策略从本质上来看是一种嵌入型的论证策略(Einbettung)。即嵌入一定的信息,通过语境的作用,使该信息间接地支持说写

---

① Völzing (1979):33

者的论点。Brinker 认为：Einbettung situiert, setzt These und Argumente in einen bestimmten Zusammenhang mit dem weiteren Kontext und stützt somit die Argumentation. ① 因此，引申型策略可以发挥支持论证的作用。

5.9 借用策略

借用就是借用故事、寓言、历史事件或名人名言来间接表达与其相关事实的策略，并以此使被借用物与当前话语现实形成关联，来达到借古喻今的话语策略。

5.9.1 借用寓言

例 166：

Europas schwarze Pest（Der Spiegel, Nr. 48/26. 11. 12. S. 108）

Die vergebliche Jagd auf den griechischen Sündenbock

Auf seine abgründige und zugleich hintersinnig verschmitzte Art hat der französische Dichter Jean de La Fontaine in seiner Fabel von den Tieren und der Pest den Opfermechanismus des Sündenbocks beschrieben. Widerstrebend, als handelte es sich um ein religiöses Tabu, dessen Verletzung seine unheizvolle Zerstörungskraft in der Gemeinschaft entfesselt, spricht er das Schlimme aus: Die Pest, da man sie doch bei Namen nennen muss, bekriegte einst der Tiere Staaten. Nicht alle starben, doch blieb keiner ganz verschont."

In der Not beruft der Löwe eine Ratssitzung ein, um unter den Anwesenden den Schuldigsten auszumachen, damit der sich opfere, vielleicht, dass wir dadurch Genesung finden. Lehrt die Geschichte doch, dass Opferkraft

---

① Brinker (1992):78

in solchen Fällen Rettung schafft. "

Der Löwe, seiner Verantwortung als König der Tiere bewusst, geht als Erster in sich und gesteht, manchmal armes Schaf gerissen zu haben und den Hirten gelegentlich dazu. Er wird als „gar zu guter Fürster" entschuldigt. Mit ihm sprechen sich die Raubtiere frei. Dann kommt der Esel an die Reihe, der am wenigsten Blutrünstige, der deshalb auch den geringsten Schutz genießt – das ideale Opfer. Kleinlaut bekennt er, eine fremde Wiese abgegrast zu haben, ich hatt'kein Recht dazu, wenn ich soll ehrlich sein. " Da stürmten mit Geschrei sie auf das Langohr ein…Zu fressen fremdes Gras! Welch schmähliches Verbrechen! "

Die Fabel lässt sich mit verblüffender Leichtigkeit auf den Zustand der Europäischen Union übertragen. Die Schuldenkrise ist wie eine Epidemie ausgebrochen, die alle infiziert. Der deutsche Löwe organisiert die Verteidigung und lässt sich als Ausbund an Tugenhaftigkeit feiern. Der Missetäter ist als bald gefunden: der griechische Esel, der über den Zaun gegrast, mit fremdem Geld über seine Verhältnisse gelebt hat…… .

Das Ergebnis ist eine Quälerei: Man darf den Esel nicht töten, aber endlos foltern. Der Staatsbankrott, und damit der Ausschluss aus der Währungsunion, wäre das Äquivalenz zum Ritualmord am mythologischen Sündenbock. Aber, so der deutsche Finanzminister Wolfgang Schäuble in seinem denkwürdigen Auftritt in Singapur: There will be no Staatsbankrott. " Statt der Entscheidungsschlacht wählte die EU unter deutscher Führung im Pestkrieg die Zermürbung und stellte Griechenland unter die " bewaffnete Beobachtung " (Clausewitz) durch die Troika: Der Gegner muss sich dem Spardiktat fügen, sonst droht ihm die sofortige Niederwerfung durch das koloniale Expeditionskorps.

这段短文中,作者借用法国寓言家拉·封丹的《动物与黑死病》的寓言故事来隐喻欧债危机中欧洲各国的态度。在寓言中,上苍为了惩罚世间的罪恶,制造了黑死病来向尘世的动物们报复。一时间,地狱冥河死尸漂满。尚能苟延残喘的动物们也受到感染。在这个危难时刻,森林之王召开紧急大会,并率先表态忏悔：上苍之所以惩罚我们,是因为我们罪恶太多,我们中罪恶最大的理应自我牺牲来保全大家。在狮子、狐狸、恶狗的一番"忏悔"之后,轮到了驴子,可怜的驴子在狡猾、强势的猛兽面前成了忏悔的受害者。寓言中的猛兽是所谓的权势者,而狐狸等是依附权势者,驴子则是无权无势者。无权的驴子成为权势者罪恶的替罪羊。

寓言的简短勾勒之后,作者将欧债危机中的各国引入寓言的角色中,借古喻今,欧洲大国是危机的源头,然而在危机爆发之时,希腊却成了可怜的替罪羊。德国——这只欧洲的森林之王非但不帮助其摆脱危机困境,反而不管不顾,甚至对其进行制裁。文章标题 Europas schwarze Pest – Die vergebliche Jagd auf den griechischen Sündenbock 就已经奠定了作者批判性的评价。通过创设故事语境与现实欧债危机语境的关联,使读者深切体会到希腊的困境以及德国大国强势、置他人利益于不顾的行径,从而引发了对其的负面评价。

5.9.2　借用实例

借用实例就是举例子,通过举例子来传达说话人隐含意义的策略。

5.9.2.1　正面例子

例167：

Interview mit Pierre Moscovici

Quelle：Spiegelonline

www. spiegel. de/wirtschaft/sozial/moscovici – franzoesischer – es – minister – ueber – frankreichs – probleme

Thema：Pierre Moscovici, Jahrgang 1957, war von 2012 bis 2014 französischer Minister für Wirtschaft, Finanzen und Außenhandel. Er gilt als aussichtsreicher Kandidat für einen Posten als EU – Kommissar.

Spiegel Online：Frankreichs Wirtschaft wächst aber nicht, und in globalen Ranglisten zur Wettbewerbsfähigkeit bleibt das Land abgeschlagen.

Moscovici：Anfang dieses Jahrhunderts galt Deutschland als kranker Mann Europas. Erst nach Jahren harter Reformen hat sich die Wirtschaft erholt.

在这段采访节选中，就记者提出的关于法国经济发展停滞不前的问题，法国财政部长 Pierre Moscovici 以德国为例，指出德国在 21 世纪初经济发展也曾经历过极大的困境，通过强有力的改革后才使其获得了复苏。其话语的隐含意义是：法国的经济困境也只是暂时的，我们也会像德国当初克服困难一样很快摆脱困境，重新获得高速、稳定的发展。

例证策略形象、直观、便于联系和理解，因此常常被视为表达隐含意义的重要策略。

5.9.2.2 反面例子

例 168：

www.Bundesregierung.de/Content/Interview/2014/05/2014 – 05 – 26 – groehe – faz.html

FAZ：Die Ärtze haben den Eindruck, bei ihnen komme davon nicht genug an.

Gröhe：Ich kenne nur wenige Berufsgruppe, die meinen, sie bekämen genau das, was sie verdienen. Das ist wohl normal

这是《法兰克福汇报》采访德国卫生部长 Hermann Gröhe 的节选。Gröhe 通过举出反面例子：从来没有从事某个职业的人认为自己的收获与付出等值，从而对记者的问题予以回击。

5.10　转述和引用策略

在媒体语篇中,为了保证陈述的客观性以及距离性,转述和引述是极其常见的语用手段。通过转引述引入第三方,投射第三方观点,一方面可以借他人之口表达难以表达的(包括不确定的、不真实的、难以启齿的、威胁性的)。另一方面使说话的观点和意图变得含蓄间接。有些学者将这种语用手段称为假托,即为了达到一定的交际目的,经常需要假借他人的名义向听话者传达自己想要传达的意思。①

间接引语具有显著的情感表现力,由于角度叠加和叙述者发表自己的看法,从而可以产生特定的评价感情色彩。此外,与直接引语交替使用,还会产生对比效果。

例169:

http://www.focus.de/politik/deutschland/nach-urteil-des-europaeischen-gerichtshofs-anzahl-der-kindergeld-antraege-aus-osteuropa-nimmt-stark-zu_id_3805962.html

Nach Urteil des EU - Gerichtshofs
Zahl der Kindergeld - Anträge aus Osteuropa steigt stark

Laut der Bundesagentur für Arbeit ist die Anzahl der Anträge auf Kindergeld aus Osteuropa seit 2012 um rund 30 Prozent gestiegen. Grund ist ein Urteil, nach dem ausländische Arbeiter in Deutschland auch Kindergeld erhalten, wenn ihr Nachwuchs im Ausland lebt.

---

①　王建平(1992):187

话语的弦外之音　>>>

Im Juni 2012 hat der Europäische Gerichtshof entschieden, dass Menschen, die als Saison – oder Leiharbeiter in Deutschland tätig sind, auch Anspruch auf Kindergeld haben, wenn ihre Kinder nicht in Deutschland leben. Seit diesem Urteil erhält die Bundesagentur für Arbeit verstärkt Anträge aus dem osteuropäischen Raum. Dies berichtet die Welt" am Dienstag.

Rund 30 Prozent mehr Anträge von Ausländern, deren Kinder im Ausland leben, habe die Bundesagentur laut der Zeitung im Zeitraum zwischen dem Urteil und dem Jahresende 2013 erhalten. Wie viele Anträge dies genau waren und von welchem Niveau aus die Zahl der Anträge angestiegen ist, geht aus dem Bericht nicht hervor.

BA hat Urteil unterschätzt.

Laut dem Leiter der für das Kindergeld zuständigen BA – Familienkasse Torsten Brandes, ist man von dem Ausmaß der Anträge überrascht: Wir haben die Auswirkungen des Urteils unterschätzt. " Er spricht von einer ‚Flut der Anträge".

In einem internen Papier der Bundesagentur für Arbeit, dass der ‚Welt" vorliegt, heißt es:„Es ist davon auszugehen, dass nach dem Abklingen dieser Antragswelle eine gegenüber dem Ausgangswert dauerhafte Steigerung der Anspruchsberechtigten eintreten wird. " Allerdings können noch keine konkreten Zahlen hierzu genannt werden, da auch andere Faktoren, wie eine allgemein stärkere Zuwanderung aus Ost – und Südosteuropa, mit einzubeziehen seien.

30. 000 unbearbeitete Anträge

Unterdessen warten einige der Antragssteller schon seit 2012 auf ihr Geld. Aufgrund der vielen neuen Anträge sind im Moment 30. 000 Anträge unbearbeitet. Brandes„Die Flut der Anträge legt die betroffenen Familienkassen teilweise lahm. " Auswirkungen auf die Kindergeldzahlungen innerhalb

Deutschlands habe dies jedoch nicht.

这则报道讲述了,在欧洲法院决定德国自 2012 年起须向非本国劳务人员支付子女津贴后,出现了大量的要求此项津贴的申请。文章采用大量官方数据和观点力图保持语篇的客观性和权威性(如:引用 Bundesagentur für Arbeit,Welt,Torsten Brandes.),掩盖作者的情感和评价,然而作者对此事件的否定和批判态度却贯穿文章始终。文章的前两段分别通过两次介入手段(间接引用联邦劳工处(Bundesagentur für Arbeit)和《世界报》(Welt)的陈述)使此事件大致呈现给读者。第三段段末是作者在保持客观性的陈述掩饰下,第一次个人态度的隐现:作者一方面引用官方话语和数据来说明津贴申请大量增长,另一方面又指出了无具体的增长数据(Wie viele Anträge dies genau waren und von welchem Niveau aus die Zahl der Anträge angestiegen ist,geht aus dem Bericht nicht hervor.),为下文的进一步陈述埋下了悬念和伏笔。紧接着的下文,作者借用子女津贴部门负责人 Brandes 的话 Flut der Anträge(申请多如潮水)第一次呈现了申请的数量之大。文中的 Flut 一词,本无消极意义,但是结合语篇语境和社会语境(大量外国劳动者享有了本该只属于本国人的社会福利待遇)读者很容易产生负面的情感共鸣,尤其是此段段尾的陈述(Allerdings können noch keine konkreten Zahlen hierzu genannt werden, da auch andere Faktoren, wie eine allgemein stärkere Zuwanderung aus Ost – und Südosteuropa, mit einzubeziehen seien.),进一步加剧了读者对此政策的担忧和不满。

整篇文章看似在客观陈述这一政治社会事件,然而,作者正是借助一步步的"客观"转述和"积极"引用,诱导读者逐步对此项政策由关注到吃惊再到担忧最后发展为不满。文章结束段落,作者在直接引用他人的观点后, Die Flut der Anträge legt die betroffenen Familienkassen teilweise lahm. 巧妙地加入了个人对整个事件的否定态度:Auswirkungen auf die Kindergeldzahlungen innerhalb Deutschlands habe dies jedoch nicht. 句中的 jedoch 的转折表现出强烈的对比和否定。最终引发了读者对此事件的强

171

烈不满。

　　德国社会对外国劳工的歧视是个历史问题,一方面德国需要外来劳工;另一方面,大量廉价劳工使德国人丧失大量就业机会,带来了很多社会问题。因此劳工问题的矛盾性一直是困扰德国的一大社会政治问题。尤其是在(本文中谈及的)劳工待遇逐步升高后(支付子女津贴),德国人必然会担心:国家财政过度负担外来劳工社会福利后,导致德国人自身福利下滑,税率上升。文章正是借助这种外在的社会语境逐步诱导读者对这项政策(向外来劳工支付子女津贴)重新思考进而发出强烈不满,引发相应的社会政治效应。

　　报道者采用间接引语,其目的主要是通过转述来源于权威人士的话,增强语言的说服力。转述者在引用别人的话时将自己的话语和说话者的话语融合在一起,在这种融合中,后者往往为前者所吞没。这样,通过引语转述方式转述者得以表达自己的观点。而预先调整的直接引语实际上是"预先调整了对直接引语的感知。即将出现的直接引语的主旨被语境所预示,并被作者的语气所渲染。经过这样的处理,转述引语的界限变得极不清楚了。"[①]

[①] vgl. Volosinov (1973):60

6. 语境中说话人隐含意义的认知与理解

6.1 语境中说话人隐含意义理解的心理机制

认知语言学认为话语的理解应该包含两个方面:构建话语的显性内容(explicit context)和隐性内容(implicit context)。构建显性内容表现为寻找话语实际表达的命题;构建隐性内容就是找出别的命题,这种命题与直接表达的命题结合,产生间接信息,即所谓的隐含意义。[①]

因此,话语的理解过程就是在显性内容和隐性内容之间建立关联的过程。关联是客观事物在人的认知领域的联想。因此,隐含意义的理解过程是思维认知与联想的过程。联想:就是在现实对象刺激物的激发下由此及彼地将当前事物与同当前事物相关的另一事物联系起来,从而形成对客观事物的新认识和体悟。[②] 在说话人隐含意义的理解过程中主要涉及以下四种联想方式:接近联想、相似联想、对比联想和关系联想。这四种联想方式的共性在于:话语认知和理解过程中借助语境线索制造关联的过程。

---

① vgl. Kempson (1988):155
② 吴礼权(2002):48.

6.1.1 接近性联想与说话人隐含意义

接近联想就是将在时空关系中存在关联的事物以及现象连接起来的思维方式。

例170：①

A：Hast du eine Uhr?

B：Die Straßenbeleuchtung ist gerade eingeschaltet geworden.

Uhr 使人联想到时间，因此，B 将 A 的提问理解为对时间的提问。紧接着，根据常识，路灯亮了意味着特定的时间点。所以，B 以此来对 A 的提问进行回答。该组对话中正是利用了两组接近关系：

Uhr 与 Zeit

Straßenbeleuchtung 与 bestimmter Zeitpunkt

完成了对话语逻辑关系建构，从而理解了说话人的隐含意义。

例171：

Interview mit Joan Laporta

Quelle：Der Spiegel（Der Spiegel，Nr. 19/5. 3. 07. S. 152）

Thema：Joan Laporta，Präsident des FC Barcelona，über die katalanische Seele des globalisierten Fußball – Unternehmens，die rasante Modernisierung und die Folgen eines möglichen Ausscheidens aus der Champions Leugue.

Spiegel：Herr Laporta，haben Sie die Titelmelodie des Spielfilms "Braveheart" noch als Klingelton auf Ihrem Handy?

Laporta：Nein，nicht mehr. Ich habe ein neues Handy，da geht das leider nicht. Jetzt suche ich etwas Neues，schließlich wird hier in der Stadt alles genau analysiert，was man als Präsident des FC Barcelona macht.

记者的提问首先为该组对话划定出话语理解的联想起点：手机的铃

---

① Rolf（1994）:268

声。而 Laporta 的回答则通过：由手机铃音更换联想到手机更换再联想到个人领导风格的变换。这个过程是一个不断以现有事物激活临近事物的过程。记者的提问本身就含有隐含意义，不是简单的询问铃声更换，而是一种利用接近性联想来激活受话者认知理解的过程：手机铃声是个人生活工作态度的一种表征方式，手机铃声的更换往往预示着个人价值认知的变换。受话人显然很充分地理解了记者提问的真实用意：个人领导风格是否有改变？从而巧妙地借助字面意义运用相似联想逐步衔接，从而完成了：手机铃声—手机铃声更换—手机更换—个人领导风格的变换的意义联想过程。

6.1.2 相似性联想与说话人隐含意义

相似联想：将具有类似属性或特征的事物以及现象联系起来的思维方式。运用相似联想理解话语的意义的过程是一种类比推理过程。类比推理就是在类比原型和认知模型之间进行比较，从它们已具有的某些方面的相同或相似的属性，推知认知模型也具有类比模型所具有的某一属性。[①]

6.1.2.1 援引式类比推理

援引式类比推理就是通过援引新的客观对象，字面上似乎并未涉及类比原型，只是在传递新对象的信息，实则是通过新的对象的信息来使受话者主动与旧的对象的信息架设类比的桥梁，进而理解隐含的类比意义。

例 172：

Interview mit Pierre Moscovici

Quelle：Spiegelonline

www. spiegel. de/wirtschaft/sozial/moscovici – franzoesischer – es – minister – ueber – frankreichs – probleme

---

① 刘江(2006)：190

Thema：Pierre Moscovici, Jahrgang 1957, war von 2012 bis 2014 französischer Minister für Wirtschaft, Finanzen und Außenhandel. Er gilt als aussichtsreicher Kandidat für einen Posten als EU – Kommissar.

Spiegel Online：Frankreichs Wirtschaft wächst aber nicht, und in globalen Ranglisten zur Wettbewerbsfähigkeit bleibt das Land abgeschlagen.

Moscovici：Anfang dieses Jahrhunderts galt Deutschland als kranker Mann Europas. Erst nach Jahren harter Reformen hat sich die Wirtschaft erholt.

同样是上文选取过的例子,在 Moscovici 的答语中引入德国作为法国的类比对象,结合语境很轻易地就可以使受话者理解:法国势必也会如德国一样恢复经济发展的活力。德国与法国两个对象之间存在某些相似的属性:都是欧洲国家,经济发展一度都曾停滞不前。因此,Moscovici 的话正是试图使受话者以此为基础进而推出它们的另一属性也相同的过程:通过改革恢复经济发展活力。

6.1.2.2　隐喻式类比推理

隐喻源于一种抽象的相似。隐喻式类比推理的基础是源域与靶域之间的相似性。借助这种相似性,使源域与靶域在相似性的交互作用中,为推理架设隐含意义与字面意义联系的桥梁,从而赋予靶域新的认知意义,这种认知意义就是隐含意义。

例 173：

Quelle：Der Spiegel（Der Spiegel, Nr. 10/5. 3. 2007. S. 120. ）

Thema：Der Konzern des Zaren

Weltmeister beim Erdgasexport, das teuerste Unternehmen in Europa, Deutschlands wichtigster Energielieferant Gasprom ist Wladimir Putins beste Waffe. Was will der russische Präsident damit – und lässt sich so die verlorene Weltmacht neu begründen?

Damals war es Zar Peter, der mit Hilfe einiger der besten europäischen

Architekten aus dem sumpfigen Gelände Prachtbauten stampfen ließ, um ein „Fenster zum Westen" zu öffnen. Aber auch, um zu zeigen: Seht her, wir sind souverän und müssen uns vor niemandem verstecken.

Diesmal, drei Jahrhunderte später, ist es ein anderer Zar, der mit seinen Bauwerken für St. Petersburg die Welt beeindrucken will: Wladimir Putin, seit 2000 russischer Präsident. Er sieht sich in dieser Tradition; Ein Bild Peters des Großen hängt über seinem Kreml – Schreibtisch.

文章字面意义提供了两个层面的对比：

1）将俄国过去的沙皇和"现在的沙皇"普京；

2）沙皇的皇宫与普京的国际天然气康采恩摩天大楼；

通过类比，完成了相似关系的架设；普京与沙皇都是国家最高权力的象征；皇宫和摩天大楼都是建筑界的鸿篇巨制，是权利和财力的象征。这两层类比结合语篇语境生成了作者的隐含意义：普京，这个当代的沙皇同样具有征服世界的野心。他欲以天然气来控制世界，重建沙皇时代的世界霸权。

6.1.3 对比联想与说话人隐含意义

对比联想：借助事物或现象之间的对立关系而建立连接的思维方式。

6.1.3.1 对比对象的隐性存在

所谓隐性就是说写者并没有直接提及存在对立关系的两重对象，字面意义仅涉及一种事物和现象。通过语境线索的激活与补充，迅速建构出对立的事物或现象，进而产生对比意义。

例174：

Interview mit Gred Müller

Quelle: Die Welt

www.bundesregierung.de/Content/DE/Interview/2014/06/2014 – 06 – 23 – mueller – welt.html

Die Welt: Reicht es, wenn Deutschland humanitär zur Stabilisierung der

话语的弦外之音 >>>

Region beiträgt?

Müller:Ein militärischer Einsatz steht nicht zur Debatte.

这同样是上文中选取的《世界报》就难民问题采访德国发展部长 Gred Müller 的片段。记者的提问字面上仅仅提及了对比的一重对象,似乎并未提及与之形成对立关系的对比的另一重对象。然而,该问题的前半句:Reicht es,够不够,激活了后半句的 humanitär zur Stabilisierung der Region 的关联,人道主义援助对稳定当地的局势不够的话,那么是否意味着军事援助?这种隐含性关联瞬时激活了对比的对立面。Müller 的回答正是在充分理解记者隐含性对比关系的基础上,快速做出的话语反应。

6.1.3.2 对比对象的显性存在

较之于对比对象的隐性存在,显性存在就是话语字面就已经提供了存在对立关系的对比事实。通过显性的对立对比,引发说写者独特的情感态度的隐性评价意义。

例175:

这里同样以上文提及的库尔纳茨事件后的报道为例:

Im Winter, als in Berlin Frank – Walter Steinmeier, Joschka Fischer und Gerhard Schröder komplizierte, internationale Hintergründe der Staatsaffäre Kurnaz erklären mussten, als Amerikaner, Deutsche und Türken sich gegenseitig Bälle zuwerfen und die Presse stolz und erschüttert aus internen Vermerken des Bundesnachrichtendienstes zitierte, transportierte Joachim Barloschky seinen alten Schreibtisch in eine verlassene Erdgeschosswohnung der Bremer Neubausiedlung Tenever und stellte seinen Stuhl dahinter, auf dem Marut Kurnaz seinen Weg zurück in die deutsche Gesellschaft antreten sollte. Barloschky hatte den Fall Kurnaz in den Medien verfolgt und so erfahren, dass der junge Mann, der viereinhalb Jahren in Guantanamo gefangen gehalten wurde, momentan nicht krankenversichert ist und nicht sozialversichert. (Der Spiegel 12.2007, S. 70)

178

文章中的显性对立关系：

一方面：德国高层忙于为这一丑闻寻找借口；德国、美国和土耳其之间互相推诿。

另一方面：德国普普通通的一名社会公益事业家为库尔纳茨解决工作吃饭问题。

短短数言凸显了对比与反差：高层政治人士与普通民众一员、国家政治事件与社会生活保障、政治家与社会公益家对此事截然不同的表现和关注点。文章鲜明的对比巧妙间接地传达了作者对当局的不满，充分引发了读者的共鸣，传达了语篇的言外之意：政治领导人在丑闻事件中对当事者缺乏人性关怀。

6.1.4　关系联想与说话人隐含意义

关系联想：借助事物或现象之间存在的特定关系：如归属关系、因果关系、条件关系等建立联系的思维方式。在说话人隐含意义的关系联想中，最简单的一类是完形式推理。

6.1.4.1　完形式推理

完形推理的依据是经典的三段论推理。三段论推理是三个性质判断组成的演绎推理。它是借助两个性质判断中所包含的一个共同的概念把这两个性质判断的另外两个概念联结起来，从而推出一个新的心智判断的推理。[①] 三段论推理就推理形式包含大前提、小前提和结论。完形推理就是借助大小前提推出结论的推理过程。

例175：

Interview mit Antje Gahl

Quelle：Der Spiegel www.spiegel.de/spiegel/print/d-127396617.html

Thema：Antje Gahl, 46, Ernährungsberaterin und Sprecherin der Deut-

---

① 刘江(2006)：73

schen Gesellschaft für Ernährung (DGE), erklärt, warum 64 Prozent der Männer und 49 Prozent der Frauen in Deutschland zu viel wiegen.

Spiegel: Frau Gahl, nach jüngsten Erkenntnissen ist jeder zweite Deutsche zu dick. Die DGE hat das Ziel, dass sich die Deutschen gut ernähren. Sind Sie gescheitert?

Gahl: Wir können nur Empfehlungen geben. Die Verantwortung trägt jeder Einzelner. Wer Schokolade essen will, isst Schokolade und fragt meistens vorher nicht die DGE.

同样是上文的例子,Gahl 的回答中分别给出了推理的大前提:Wir können nur Empfehlungen geben. 以及小前提 Die Verantwortung trägt jeder Einzelner. Wer Schokolade essen will, isst Schokolade und fragt meistens vorher nicht die DGE. 那么结论很显然是:营养学会的工作并没有失职。

6.1.4.2 缺省式推理

与完形推理相对应的是省略式推理。即借助关系联想理解说话人隐含意义的过程是弥补话语缺省逻辑的过程。省略式推理是说话人隐含意义中最常见的推理形式。省略式推理又被称为缺省式推理,是以默认的前提或常识为基础的推理,一般是自动的、无意识的思维过程。[1] 省略式推理是对三段论推理的缺省。从这个角度,省略的情况又可以分为省略大前提和省略小前提。

1)省略大前提

省略大前提:利用小前提、结论之间的关系联想,依据语境推出话语的大前提,从而完成话语内部逻辑关系建构的过程。

例 176:[2]

Claudia: Was meint du wohl, wer das Stipendium für Berkeley bekommen hat?

Dietmar: Ernst war vorhin sehr euphorisch, als ich ihn getroffen habe.

---

[1] 高海龙(2011):116
[2] http://tuprints.ulb.tu-darmstadt.de/331/1/DissHandl.pdf

6. 语境中说话人隐含意义的认知与理解

严格意义上来看，Dietmar 的话并不是对前面问题的回答，因为 Claudia 并不是想知道 wer gerade euphorisch ist. 然而，当 Claudia 设想：Dietmar的话是遵守了会话中关系准则，问题和回答之间在内容上必然存在联系，那么借助常识和语境，她得出了以下结果：Wenn man ein Stipendium für Berkeley erhält, reagiert man oft euphorisch. Ernst war vorhin sehr euphorisch. Infolgedessen hat er vermutlich das Stipendium bekommen.

可以看出，在上述思维加工过程中，将答语作为整个推理过程中的一部分，依赖语境和常识完成了推理，得出结论。Dietmar 的话语是推理中的小前提，而推理过程中的大前提是通过语境和常识的补充获得，进而进一步推出结论。

大前提：Wenn man ein Stipendium für Berkeley erhält, reagiert man oft euphorisch.（隐含于语境中）

小前提：Ernst war vorhin sehr euphorisch.

结论：Infolgedessen hat er vermutlich das Stipendium bekommen.

2）省略小前提

给出前提中的大前提，而省略小前提，通过语境的补充作用，得出小前提，进而推出结论的过程，而结论就是话语的隐含意义。

例 177：

同样以 Es zieht. 为例。

在其推理理解过程中，说话人首先提出了：有风（Es zieht.）这一前提，那么由此前提可以推断出：因为有风—大前提，所以说话人觉得冷—小前提。再由此得出结论：说话人希望受话者关窗或打开暖气。在这个推理过程中，通过语境的补充，使受话者填补了三段论中的小前提，最终得出结论，而理解了说话人的隐含意义。

大前提：有风。

小前提：觉得冷。（隐含于语境中）

结论：关窗。

181

由此可见,省略式推理就是通过空缺的信息或者偏离的信息(新信息与旧信息看似缺乏必要的联系)激发受话者以现有的信息为前提,借助语境来填补新旧信息之间的空缺,最终形成完整的、连贯的、存在关联的、可以理解的交际信息链。

从认知心理学的角度来看,省略式推理符合语言编码高度选择性的特征。即:一个被感知的事件由一系列复杂的相互作用的网络构成,有许多可能被视为参与者的概念实体,然而,仅有一些相互作用的关系以及参与者明确地被编码入话题中,而被强调的概念更少。语义结构与概念结构不是一一对应的关系,只有部分概念结构投射到语义结构上。①

此外,从话语中所涉及的具体的关系架设类型,可以将常见地关系联想触发的说话人的隐含意义大致分为以下三类:

1)因果关系联想

例178:②

A:Smith scheint derzeit keine Freundin zu haben.

B:Er war in der letzten Zeit oft in New York.

该对话的语境线索是:A 与 B 都知道:Smith 常出差,工作繁忙。那么,Er war in der letzten Zeit oft in New York. 他在纽约,意味着又去出差,不在家。因此,意味着没有时间,所以 Smith scheint derzeit keine Freundin zu haben.

在上述对话中的问与答涉及的是一种通过语境建构原因与结果的过程。

---

① 蒋勇(2000):1-3
② http://de.wikipedia.org/wiki/Kooperationsprinzip_%28Sprache%29

<<< 6. 语境中说话人隐含意义的认知与理解

结果：Smith scheint derzeit keine Freundin zu haben.

语境：Smith 常出差，工作繁忙。

原因：Er war in der letzten Zeit oft in New York.

上述过程是一种由结果推出原因的过程。语言逻辑学将其称为溯因推理，即从结果出发，根据一般性的知识，推测出事件发生原因的推理方法。① 再如：

例179：

Frau：Wo ist mein Fleisch?

Mann：Die Katze war gerade in der Küche.

结果：肉不见了。

语境线索1：猫爱吃肉。（常识）

语境线索2：肉在厨房。（交际双方的共有信息。）

语境线索3：猫去过厨房(Mann的信息。)

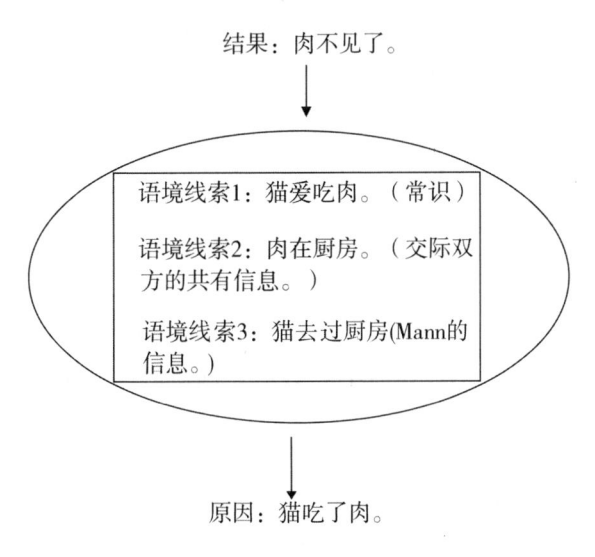

原因：猫吃了肉。

图表15 逆因式推理

---

① 刘江(2004)：153

183

例 180：

Interview mit Rene Obermann

Quelle：Spiegel（Der Spiegel, Nr. 48/26. 11. 12. S. 86）

Thema：Telekom – Chef Rene Obermann 49, verteidigt seine US – Strategie und verspricht den zügigen Ausbau schneller Internetverbindungen, sofern die Regulierungsbehörde mitspielt.

Spiegel：Herr Obermann, auf Ihrer Dauerbaustelle T – Mobil USA haben Sie nichts als Ärger：milliardenschwere Abschreibungen, meuternde Gewerkschafter, verärgerte Aktionäre. Wie lange soll das noch weitergehen?

Obermann：Erstens：T – Mobil USA ist ein profitables Unternehmen, wir verdienen dort immer noch Geld. Zweitens sehen wir neben Schwierigkeiten auch Wachstumschance.

在 Obermann 的答语中，他试图用以下两个方面作为原因来建构话语内部的隐含性的因果逻辑关系：

Erstens：T – Mobil USA ist ein profitables Unternehmen, wir verdienen dort immer noch Geld,这是一个原因；

Zweitens sehen wir neben Schwierigkeiten auch Wachstumschance,这又是另一个原因。

结合这两个方面，衍生出结果，结果就是话语的隐含意义：因此 T – Mobil USA 充满希望，不存在所谓的危机。话语的隐含意义是结果，字面意义是原因。

2）条件关系

问与答之间是一种间接的条件关系。

例 181：①

A：Mama, darf ich fernsehen?

---

① Rolf（1994）：242

184

B:Hast du die Hausaufgabe schon fertig gemacht?

问与答之间的条件关系意味着:Wenn du die Hausaufgabe fertig gemacht hast, kannst du fernsehen.

例 182:

Interview mit Johannes Teyssen

Quelle:Der Spiegel www.spiegel.de/spiegel/print/d－126014787.html (2014.7.7)

Thema:E.on－Chef Johannes Teyssen,54,über die Krim－Krise und die Folgen für den Russland－Handel.

Spiegel:Herr Teyssen, Sie haben fast sechs Milliarden Euro in Russland in moderne Kraftwerke investiert und sind dort mit E.on zum größten ausländischen Stromversorger aufgestiegen. Haben Sie nach der Verschärfung der Krise in der Ukraine Angst um Ihre Investitionen?

Teyssen:Wenn wir unser Geld mit Spekulationen verdienten, dann würde ich mir jetzt vielleicht Sorgen machen. Aber wir tun etwas, was den Menschen Nutzen bringt. Wir haben den wohl modernsten Kraftwerkspark dort aufgebaut, beschäftigen 5000 russische Mitarbeiter und versorgen Tausende Kunden mit Strom und Wärme.

这个例子涉及的条件推理式中的否定式。表现为:说话人首先提出了一组条件关系:

Wenn wir unser Geld mit Spekulationen verdienten, dann würde ich mir jetzt vielleicht Sorgen machen.

紧接着的后半部分称述 Aber wir tun etws, was den Menschen Nutzen bringt. Wir haben den wohl modernsten Kraftwerkspark dort aufgebaut, beschäftigen 5000 russische Mitarbeiter und versorgen Tausende Kunden mit Strom und Wärme. 是对前句条件关系中条件提出的否定(我们做的不是投机生意),条件的否定意味着该条件下的结果的否定,因此,就可以推

185

出话语的隐含意义：那么我们不会担心危机加剧会对我们的投资造成影响。

3）片全关系

片全关系是一种借助表达中存在的部分肯定或部分否定来理解说话人隐含意义的语用推理过程。

Die Negation der partikularen Affirmation wird in manchen (nicht allen) Fällen durch eine Konversationelle Implikatur erschlossen.①

例183：②

A：Wie geht es Ihren Eltern?

B：Meine Mutter ist gut.

对部分的肯定，意味着对剩余部分的否定。那么也就意味着父亲不好。

6.1.5 结论

语言的理解是人类认知的一个重要组成部分，是一个复杂的认知心理过程。认知语言学认为：对隐含意义的理解过程实际就是思维的认知推理过程。人的推理认知过程简单地讲，就是通过前提借助一系列的心理认知模式来得出结论。判断与推理是思维活动的基本形式。隐含意义的推理过程是动态的语用推理过程。语用推理是一种认知活动。语用推理是通过心理建模对感知的话语进行下向因果求索，需要从长期记忆和工作记忆中抽取和整合推理的前提，求索的切合点是泛因果关系。③

通过上述分析，我们可以将语境中的隐含意义理解大致分为两类：A－A'和 A－B 型。前者的特点是：话语意义是通过命题相似点的发现得出的（明喻、隐喻、夸张、反语），而后者的话语意义则是通过一个命题链

---

① Becker (1997):56
② Rolf (1994):251
③ 徐盛桓(2007):4－5

得出的。① 二者的差异体现在前者在语义、句法、语音方面出现偏离,而后者主要在语用方面出现偏离。

6.2　对说话人隐含意义的误解

话语的意义既包括讲话人的意义也包括听话人的意义。它既是说话人意义(Sprecherbedeutung),也是受话者理解的听话人意义(Hörerbedeutung)。意义的传递需要讲话人与听话人的合作和妥协。言语交际中,最理想的状态是,说话人的意义与听话人的意义重合或基本重合,这样就会形成统一的交际意义,是言语交际有效、成功进行的前提。即言意重合:说写者想要传递的信息恰等于其言语符号所负载的信息。听读者通过言语符号能正确领会说写者的真实意图。②

在对隐含意义的理解过程中,鉴于语境中诸要素的影响,经常会出现误解或超解。误解产生并非受话者不了解词义和语法结构,主要是由于没有理解说话者的交际用意。交际的意图语用化过程是从内容到形式,从抽象到具体的过程;语用释义过程则是从形式到内容,从具体到抽象。③

6.2.1　交际中说话人隐含意义的误解

例 184:④

A:Ich müsste dringend wieder zum Friseur.

B:Ja,ich auch. ⑤

---

① 孙玉(1994):19
② 王洪钟(2007):91-92
③ 林波,王文斌(2003):9
④ 例184-例186引自:Krickel (2007):83-85
⑤ 作者注:这里排除 B 以此作为拒绝 A 请求的回答。

A 并没有直接提出请求,而是借助间接言语行为,来降低话语的指令口吻。假如 B 理解了 A 的话语意图:通过陈述句表达间接的请求,A 的话语隐含意义是:Ich bitte Sie hiermit, mich für ein, zwei Stunden zu vertreten.

在很多情况下,说话者对间接言语行为的反应也必须是间接的。假如说话者依据话语的基础以言行事功能来回应,那么他就会违反交际规则。我们比较下面这个在公共汽车上请求让座的场景:

例 185:

A:Junger Mann, ich bin schwerbehindert.

B:Das ist kein leichtes Los.

B′:Oh, Entschuldigung (steht auf).

A 的话语是一种请求而不是陈述,而显然 B 的回答有悖于交际准则。

例 186:

A:Kannst du beim Tisch nicht einmal still sitzen?

B:Nein, das kann ich nicht.

B′:Doch, das kann ich!

无论是 B 还是 B′ 对 A 的话语回应都是不符合交际准则的。这种情况,A 话语的隐含意义表达是:指责或敦促,而不是疑问。

6.2.2　制约隐含意义理解的因素

1)受话人的个体差异:性格、情绪、思维定式等

不同的受话人鉴于其性别、教育和家庭背景、性格、情绪以及思维定式等方面的差异,其对语境线索的理解不尽相同。即:同样的语境线索对受话者而言,可能触发的关联事物是完全不同的。这里涉及的是交际双方认知假设的重叠度问题。

受话人对世界的认知假设是以"概念表征"的形式存储于脑中,且构成"认知环境"。包含一切理解话语的信息:从外部世界可以感知的信

息、从短期记忆和长期记忆中可提取的信息。所有这些信息或假设都可以构成理解话语的潜在认知语境。认知语境是语用因素在大脑中内在认知化的结果。[1] 理解话语的过程是认知环境里的旧信息和交际的新信息相互作用的过程。双方认知环境的显映事实相同时就产生认知环境的重叠。[2] 交际双方的认知重叠度越高,其话语生成和理解所付出的认知努力就越少,交际过程就会越顺畅。

2)受话者的语用能力差异

不同受话者的元语用意识[3]不尽相同。因此,其在交际中的推理能力、认知能力、语言能力、交际能力也不尽相同。交际者的元语用意识越强,其对说话人隐性意义理解加工就越容易。

3)话语的关联度

此外,说话人话语之间的关联也是影响意义理解的重要因素。话语之间的关联越清晰、越简单,受话者理解就越省力,正确理解的概率就越高,反之则越低。

---

[1] 张荣根(1998):62
[2] 侯国金(2004):66 – 72
[3] 作者注:元语用意识语言顺应理论中的概念。它是指交际者选择语言形式顺应语境时的自我意识。

7. 结 语

7.1 本研究的结论

  本文以语境中说话人的隐含意义为研究对象。语境中说话人的意义是一个多维的概念体系,它包含:说话人的意图(Sprechers – Intention),说话人的语境蕴含意义(Sprechers – Implikatur)以及说话人的评价与态度(Sprechers – Bewertung)。通过研究,可以得出如下结论:
  1. 语境中说话人的隐含意义是话语的语用意义。隐含意义的生成和理解是一种高度依附语境的认知方式和话语策略。
  交际是一个从意图到意义的互映过程,不仅涉及语用层面,更涉及认知层面。[①] 在实际的言语表达和理解中,隐含表达较之于直接表达常常更加复杂、难以理解或是歧义丛生,需要受话者结合认知语境做出推理才能获得其中的交际意图。认知推理的过程就是在话语和语境线索之间按照关联原则寻找一种最佳联系,即通过认知语境中的语言或非语言线索激活语境中的关联,从而实现语义的联系,进而理解说话人

---

① 林波,王文斌(2003):8

的隐含意义。同样,话语策略的实施过程也是试图激活语境关联的过程。因此,关联是语境中说话人隐含意义生成和理解的核心。可以说,激活关联的过程是意义的生成过程,建构关联的过程是意义的理解过程。

2. 尽管本文考察的是语境中说话人的隐含意义。然而,言语交际是一个受多种因素制约的动态过程。意义生成和理解是一种动态的过程,意义不只是词义或句义,也不可能只是说话者单方面生成的意义或者受话者解释的意义。因此,语境中说话人的隐含意义是一种动态的意义体系,是说话人与受话人结合语境线索相互协商后的产物。说话人隐含意义本质上是语言符号和符号实际承载信息之间存在差异,受话人需要借助推理来弥合语言量和说话人交际意图和情感态度间的差异。

因而,隐含意义的动态研究不仅包括话语生成者传递意义和话语接受者之间意义的磋商与协调,还应包含话语语境(包括物质的、社会和语言语境)和话语的潜在意义之间的协调。①

3. 说话人隐含意义生成手段的多样性。

说话人隐含意义是一种语境激活与凸显下的意义。语境是多元的、开放的、动态的,因而隐含意义的生成渠道势必也呈现多样化。本文重点探讨了语言手段激活的语境线索对隐含意义生成的作用,其中包括:

1) 语言的韵律手段:语调、重音、特殊读法;

2) 词汇手段:词汇修辞色彩变化、新造词以及情态小品;

3) 句法手段:不同句法手段衍生的语用隐含意义;

4) 修辞手段:曲言、隐喻、反讽、双关、夸张以及同义反复。

4. 隐含意义衍生手段的规约化。

通过上述研究,不难发现,一方面,说话人隐含意义的生成手段灵活多样,特别是在语境中,语言手段、非语言手段以及二者的结合都可以激

---

① 冉永平(1998):71

活不同的语境线索,衍生出说话人特有的隐含意义。另一方面,隐含意义生成手段也并不是随意无序,难以把握,而是呈现规约化的发展趋势。

如:随着语言交际的发展,特定句型逐渐或业已成为表达某一隐含意义的规约性的手段。

如:表达愿望和请求时,人们常常以下列句型的间接意向来代替直接的表达:

Ich würde mich freuen, wenn Sie meine Bewerbung berücksichtigen und mich zu einem Vorstellungsgespräch einlanden könnten.

Es wäre schön, wenn Sie auch kommen könnten.

Wenn wir uns doch bald wiedersehen könnten!

5. 说话人隐含意义生成策略的灵活性。

本文重点讨论了常见的说话人隐含意义生成的十大语用策略。其中涵盖:矛盾型策略、隐性否定策略、对比型策略、转移型策略、感情色彩偏移策略、模糊型策略、信息量偏移策略、引申论证型策略、借用策略、转述引用策略。在实际语用过程中,说话人隐含意义的生成策略并不局限于以上十大类别,而是存在更多的可能性,特别是就某一类型的言语行为而言,其语用隐性意义的生成策略往往更加复杂,如:涉及间接拒绝的话语中,说话者可以借助回避策略、转移请求者的注意力、推迟策略、批评教育策略、建议策略、假同意策略、暗示策略、开玩笑策略等具体策略来实施隐含性的拒绝。

6. 说话人隐含意义的理解涉及语用推理过程。

鉴于推理过程是以思维的联想过程为依托,所以,本文重点讨论了基于四大联想方式的四大推理类型:

1) 接近联想引发的说话人的隐含意义;

2) 相似联想引发的说话人隐含意义,其中包含:援引式和隐喻式;

3) 对比联想引发的说话人隐含意义,又进一步分为:对比对象隐性存在与对比对象显性存在;

4) 关系联想引发的说话人隐含意义:完形式推理和缺省式推理,其中缺省式推理又分为:因果式、条件式和片全式。

通过研究,可以发现,语境中说话人隐含意义的推理过程是动态的语用推理过程。而这种语用推理是通过心理建模对感知的话语进行下向因果求索,需要从长期记忆和工作记忆中抽取和整合推理的前提,求索的切合点是泛因果关系。① 因此,可以认为,说话人隐含意义的语用推理是一种寻找和建立事物泛因果关系的认知活动。

7. 需要指出的是,尽管隐含意义较之显性意义复杂多变、难以理解甚至是歧义丛生,需要受话人付出极大的认知努力才能获得,这显然不符合语言表达简单明了且经济实用的交际常规要求,然而,鉴于其特定的语用功能(礼貌功能、幽默功能、讽刺功能等)它仍被视为积极的语用表达手段与策略。

7.2　本研究的局限性和进一步研究的可能性

1. 本文对语境中说话人隐含意义的研究是一种系统性研究。探讨了大量语境中隐含意义生成的手段和策略。然而鉴于本文的研究重点以及研究时间的限制就每一种语言手段作为语境线索对隐含意义的建构并未进行深入挖掘。事实上,单个的生成手段因使用者的个体差异(性别、年龄、教育背景等)往往呈现出极大的不同,深入挖掘每一种隐含意义的生成手段对全面理解语言意义的个体差异有着重要的研究价值。

2. 在实际交际中,隐含意义的生成往往不是一种手段引发,而是多种手段综合作用的结果。如:说话人的肢体语言与面部表情结合特定的语言表达、语音手段与修辞手段的共同使用等等。因此,探讨说话人隐含

---

① 徐盛桓(2007):7

意义可以就某一特定言语行为来全面、细致考察各种手段是如何在语境中发挥线索功能，从而完成意义的建构和传递的，如：冲突性的语境中，说话人如何建构隐性意义来回避冲突等。

3. 说话人隐含意义的建构与理解是外语教学中重点和难点。目前，国内德语学习者普遍存在语用能力低，语言表达单一、本族语化、违反规约等问题。在本研究中尚未涉及国内德语学习者对语境中说话人隐含意义理解的语用能力的考察和评估。

Bialystok 认为：语用能力是在语境中使用并理解语言的各种能力，它包括：(1)说话人使用语言实现不同目的的能力；(2)听话人超出字面含义理解说话人真实意图的能力；(3)使用一定规则将话语连接起来的能力。她强调语用能力主要指使用与理解非字面语言形式(non - literal forms)的能力，即对隐含意义的理解构成了语用能力的重要方面。[①] 因此，如何加强学生的语境认知意识，通过语境来推断说话人隐含意义，如何从语言形式与功能的交互关系中加强学生交际能力的培养，如何从跨文化交际视角减少语用失误势必是本研究在 DaF 教学领域进一步深化的方向。

4. 此外，还可以通过语料库软件，深入研究说话人隐含意义的建构的规律性与复现性。从而探询德语隐含意义的规约路径和发展趋势。

5. 说话人隐含意义是每一种语言文化中共存的现象。特别是中国文化历来讲究语言的含蓄间接。因此从对比研究的视角，考察中德说话人隐含意义的生成与理解方面的差异必然是跨文化研究中具有重要意义的课题。

意义的理解是语言交际的根本。语境中的隐含意义是意义中的隐性部分，是说话人意义中极其重要的一部分。语境中说话人的隐含意义是一个庞大、交叉性极强的研究体系，这不仅是可以多角度、多层面切入的

---

① 引自：周之畅(2007)：1

研究领域,同时也是值得深入挖掘的研究领域,上述所列出的仅仅是众多研究视角中一部分,相信随着研究深度的挖掘,研究视角的拓宽,研究领域的融合,对语境中说话人隐含意义的理解会更加多元、动态、科学、全面。

参考文献

外文文献：

Austin J L. Zur Theorie der Sprechakte（How to do things with words）[M]. Stuttgart：Reclam，1972.

Balog A. Rekonstruktion von Handlungen. Alltagsintuition und soziologische Begriffsbildung [M]. Opladen：Westdeutsch，1989.

Beck G. Sprechakte und Sprachfunktionen：Untersuchungen zur Handlungsstruktur der Sprache und ihren Grenzen [M]. Tübingen：Walter de Gruyter，1980.

Brunner A. Die Kunst des Fragens [M]. München：Hanser，2007.

Brinker K. Linguistische Textanalyse：Eine Einführung in Grundbegriffe und Methoden [M]. Berlin：Schmidt，1992.

Brown P，Levinson S C. Politeness：Some universals in language usage [M]. Cambridge：Cambridge University Press，1992.

Burgoon J. Interpersonal Expectations，Expectancy Violations，and Emotional Communication [J]. Psychology：In：Journal of Language and Social，1993.

Bussmann H. Lexikon der Sprachwissenschaft [M]. Kröner：Stuttgart，1990.

Chur J. Generische Nominalphrasen im Deutschen：Eine Untersuchung zu Referenz und Semantik [M]. Tübingen：Narr，1993.

Cruse D A. Meaning in Language：An Introduction to Semantics and Pragmatics [M]. London：Oxford，2000.

Dietl C. Euphemismus [A]. In：Ueding，G.（Hrsg）. Historisches Wörterbuch der Rhetorik,Band 3 [C]. Tübingen:Max Niemeyer,1996.

Fraser B. Motor oil is motor oil. An account of English nominal tautologies [J]. In: Journal of Pragmatics,1988.

Friedrich J,Ulrich S. Das journalistische Interview [M]. Wiesbaden:Springer Fachmedien,2001.

Friedemann S v T. Miteinander reden 1 – Störungen und Klörungen. Allgemeine Psychologie der Kommunikation [M]. Reinbek:Rowohlt,1981.

Ehrlich V,Saile G. über nicht – direkte Sprechakte [A]. In: Wunderlich,D. : Linguistische Pragmatik [C]. 2. Aufl. Athenaion,Wiesbaden,1975.

Gerhard U. Rollenanalyse als kritische Soziologie. Ein konzeptueller Rahmen zur empirischen und methodologischen Begründung einer Theorie der Vergesellschaftung [M]. Newied/Rhein:Luchterhand,1971.

Gilles P. Regionale Prosodie im Deutschen: Variabilitöt in der Intonation von Abschluss und Weiterweisung [M]. New York:Walter de Gruyter,Berlin,2005.

Grice H P. Intendieren,Meinen,Bedeuten [A]. In: Meggle,G. : Handlung, Kommunikation und Bedeutung [C]. Frankfurt am Main:Suhrkamp,1979.

Grice H P. Implizieren [A]. In: Schulte,J. : Philosophie und Sprache [C]. Reclam Stuttgart,1981.

Gruber H. Streitgespröche – Zur Pragmatik einer Diskursform [M]. Opladen: Westdeutsch,1996.

Gumperz J J. Discourse Strategies [M]. Cambridge:Cambridge University Press,1982.

Gutzmann D. Eine Implikatur – konventioneller Art der Dativus Ethicus [J]. Hamburg:In: Linguistische Berichte 181/2000. Helmut Buske,2000.

Gutzmann D. Betonte Modalpartikel und Verumfokus [A]. In: Elke H. & Theso H. (Hrsg) : 40 Jahre Partikelforschung [C]. Tübingen:Stauffenburg,2010.

Hans – Werner E. Stil und Stilistik: Eine Einführung [M]. Berlin:Ehrich Schmidt,2008.

Harras G. Handlungssprache und Sprechhandlung: Eine Einführung in die theoretischen Grundlagen [M]. Berlin:Walter de Gruzyter,2004.

Heim I. Artikel und Definition [A]. In: A. v. Stechow & D. Wunderlich (Hrsg.) : Semantik. Ein internationales Handbuch der zeitgenössischen Forschung [C]. New York:De Gruyter,

197

Berlin,1991.

Helbig G. Lexikon deutscher Partikel [M]. Leipzig：Enzyklopädie,1988.

Kemmerling A. Implikatur [A], In：Stechow, A. / Wunderlich. D. (Hrsg.)：Semantik：Ein internationales Handbuch der zeitgenössischen Forschung [C]. New York：De Gruyter,Berlin,1991.

Kempson R. Grammar and Conversational Principles [A]. London：In：F. J. Newmeyer：Vol. II,Cambridge Uni,1988.

Kiepe A. Die Rhetorische Frage als indirekte Behauptung in der Bildzeitung：Eine Sprechakttheoretische Untersuchung [M]. München：GRIN,2010.

Kohvakka H. Ironie und Text – Zur Ergründung von Ironie auf der Ebene des sprachlichen Textes [M]. Frankfurt am Main：Peter Lang,1997.

Krickel B. Kommunikative Missverständnisse – Eine Analyse im Rahmen der Sprechakttheorie [M]. München：GRIN,2007.

Lapp E. Linguistik der Ironie [M]. Tübinger Beiträge zur Linguistik [C]. Tübingen：Bd. 369. Gunter Narr,1992.

Leech G N. Semantics：The Study of Meaning [M]. London：Penguin,1974.

Leech G N. Principles of Pragmatics [M]. London：Longmann,1983.

Levinson S C. Pragmatics. Cambrige – übers. ：Pragmatik [M]. Tübingen：Niemeyer,1990.

Liedtke F. Implikaturen：Grammatische und pragmatische Analysen [M]. Tübingen：Max Niemeyer,1995.

Liedtke F,Keller R. Kommunikation und Kooperation [M]. Tübingen：Max Niemeyer,1987.

Maas U, Wunderlich D. Pragmatik und sprachliches Handeln：Mit einer Kritik am Funkkolleg Sprache" [M]. Athenäum Frankfurt am Main,1972.

Maynard D W. How children start arguments [J]. Language in Society,1985.

Meggle G. Handlung,Kommunikation und Bedeutung [C]. Suhrkamp,Frankfurt am Main,1979.

Meggle G. Kommunikation, Bedeutung und Implikatur Eine Skizze [A]. In：Meggle, G. Handlung,Kommunikation,Bedeutung [C]. Suhrkamp Frankfurtam Main,1993.

Meggle G. Grundbegriffe der Kommunikation [M]. Berlin/New York：2. Aufl. De Gruyter,1997.

Meibauer J. Rhetorische Fragen [M]. Tübingen:Max Niemeyer,1986.

Meibauer J. Satzmodus zwischen Grammatik und Pragmatik [M]. Tübingen:Max Niemeyer,1987.

Norbert G. Ironie als spielerischer Kommunikationstyp: Situationsbedingungen und Wirkungen ironischer Sprechakte [A]. In: Wermer,K. Kommunikationstypologie. Schwam,Düsseldorf,1986.

Handlungsmuster,Textsorten,Situationstypen [C]. Jahrbuch 1985 des Insitituts für deutsche Sprache. Bd. 67. 1986.

Oppenrieder W. Aussagesätze im Deutschen. In: J. Meibauer (Hrsg.): Satzmodus und Pragmatik,Tübingen,1987.

Ossner J. Konvention und Strategie: Die Interpretation von Äußerungen im Rahmen e. Sprechakttheorie [M]. Tübingen:Max Niemeyer,1985.

Penmann R. Communication Process and Relationship [M]. New York:Academic Press,1990.

Pociask J. Zu Status und Funktion der idiomatischen Einheit in Pressetexten [M]. Frankfurt am Main:Peter Lang,2007.

Polenz v P. Deutsche Satzsemantik [M]. New York:de Gruyter,Berlin,1985.

Ptashnzk S. Phraseologische Modifikationen und ihre Funktionen im Text: Eine Studie am Beispiel der deutschsprachigen Presse [M]. Baltmannsweiler:Schneider,2009.

Rehbock H. Konfliktaustragung in Wort und Spiel, Analyse eines Streitgesprächs von Grundschulkindern [A]. In: Schank,G. / Schwittalla (Hrsg.): Konflikte in Gesprächen [C]. Tübingen:Narr,1987.

Rolf E. Sagen und meinen: Paul Grices Theorie der Konversations – Implikaturen [M]. Opladen:Westdeutscher Verlag,1994.

Rolf E. Pragmatik: Implikaturen und Sprechakte [M]. Wiesbaden: Springer Fachmedien,1997.

Rolf E. Illokutionäre Kräfte: Grundbegriffe der Illokutionslogik [M]. Opladen:Westdeutscher,1997.

Schlagel R H. Contextual Realism [M]. New York:Paragon House Publishers,1986.

Searle J R. Speech Acts: An Essay in the Philosophy of Language [M]. London: Cambridge University Press,1968.

Searle J R. Linguistik und Sprachphilosopie [A]. In: Renate Bartsch/Theo Vennemann (Hrsg.): Linguistik und Nachbarwissenschaften [C]. Kronberg:Cornelsen,1979.

Schank G. Linguistische Konfliktanalyse [A]. Ein Beitrag der Gesprächsanalyse. In: Schank, G./Schwitalla, J. (Hrsg.): Arbeiten zur Konversationsanalyse [C]. Tübingen: Narr,1987.

Schmidt – Faber W. Argument und Scheinargument. Grundlagen und Modelle zu rationalen Begründungen im Alltag [M]. München:Finck,1986.

Sökeland W. Indirektheit von Sprechhandlungen [M]. Tübingen:Max Niemeyer,1980.

Sperber D. & Wilson, D. Relevance: Communication & Cognition (2nd edition). [M]. Blackwell:Oxford,1993.

Tannen D. Conversational Style: Analyzing Talk among Friends [M]. Ablex: Norwood,1984.

Thimm C. Dominanz und Sprache. Strategisches Handeln im Alltag. [M]. Wiesbaden: Deutscher Universitäts Verlag,1990.

Thomas J. Meaning in Interaction: An Introduction to Pragmatics [M]. Basil Blackwell: Oxford,1986.

Ullmann S. An Introduction to the Science of Meaning [M]. Basil Blackwell: Oxford,1962.

Ulrich W. Linguistische Grundbegriffe [M]. Berlin:5. Auflage. Bornträger,2002.

Volosinov V N. Marxism and the Philosophy of Language [M]. New York:Seminar Presss, 1973.

Völzing P L. Begründen, Erklären, Argumentieren. Modelle und Materialien zu einer Theorie der Metakommunikation [M]. Heidelberg:Quelle & Meyer,1979.

Wagner F. Implizite sprachliche Diskriminierung als Sprechakt – Lexikalische Indikatoren impliziter Diskriminierung in Medientext [M]. Tübingen:Gunter Narr,2001.

White P R R. Evaluative Semantics and Ideological Positioning in Journalistic Discourse: A New Frame Work for Analysis [A]. In: I. Lassen / J. Strunck / T. Vestergaard (Hrsg.): Mediating Ideology in Text and Image: Ten critical Studies [C]. John Benjamin:Amsterdam,2006.

Wittgenstein L. Philosophische Untersuchungen [M]. Akademie:Frankfurt am Main,1971.

Wunderlich D. Zur Konventionalität von Sprechhandlungen [A]. In: Wunderlich: Linguistische Pragmatik [C]. Springer:Wiesbaden,1976.

Wunderlich D. Studien zur Sprechakttheorie [M]. Suhrkamp:Frankfurt am Main,1976.

Zaefferer D. Frageausdrücke und Frage im Deutschen: Zu ihrer Syntax, Semantik und Pragmatik [M]. München:Fink,1984.

中文文献：
中文期刊：

方丽青,姜渭清. 间接语言的解释机制[J]. 西南民族学院学报(哲学社会科学版),2002(5).

高海龙. 语用推理中的缺省逻辑与常规关系[J]. 国际关系学院学报,2011(2).

高俊梅. 语言的间接性及其理解[J]. 山西财经大学学报(高等教育版),2007(1).

何兆熊. 英语语言的间接性[J]. 外国语,1984(3).

何兆熊. 语用、意义和语境[J]. 外国语,1987(5).

黄华新. 略论语义蕴含[J]. 浙江社会科学,2000(2).

何兆熊. 英语语言的间接性[J]. 外国语,1984(3).

侯国金. 假指令句[J]. 解放军外国语学院学报,2002(2).

侯国金. 言语间接程度的测定[J]. 四川外国语学院学报,2004(6).

侯国金. 语用象似论[J]. 外语教学与研究,2007(2).

蒋勇. 点到为止——与间接言语行为[J]. 山东外语教学,2000(3).

蒋勇. 点到为止——与间接言语行为[J]. 解放军外国语学院学报,2000(3).

蒋勇,马玉蕾. SB与RT的整合研究[J]. 外语学刊,2001(3).

孔德明. 从认知看经济语篇中的隐喻概念[J]. 外语与外语教学,2002(2).

郎曼. 新闻报道的语篇意图及其识解——以德语新闻报道为例[J]. 德语人文研究,2013(2).

李宝贵. 隐性否定的语用分析[J]. 辽宁师范大学学报(社会科学版),2002(1).

李昌年间接言语行为的类型及其语里的推求[J]. 江西教育学院学报,1996(5).

林波,王文斌. 从认知交际看语用模糊[J]. 外语与外语教学,2003(8).

莫莉莉. 言语交际中违反合作原则现象刍议[J]. 外语教学,1999(3).

聂玉景. 语言交际中意图间接性的语言分析[J]. 兰州学刊,2012(8).

冉永平. 语用意义的动态研究[J]. 外国语,1998(6).

宋玉华,刘瑶.也谈"言意之变"基于德语将来时的形式[J].合肥工业大学学报(社会科学版),2010(4).

孙淑芳.隐含祈使的间接言语行为句[J].外语学刊,2001(3).

孙玉.间接语言现象的两种基本类型[J].外国语,1994(3).

束定芳.委婉语新探[J].外国语,1989(3).

涂靖.关联理论对间接言语行为的阐释力[J].湖南大学学报(社会科学版),2003(4).

徐盛桓.基于模型的语用推理[J].上海外国语大学学报,2007(3).

王洪钟.言外之意的生成与破解[J].哈尔滨师专学报,1999(4).

王天华.新闻语篇的隐性评价意义的语篇发生研究[J].外语学刊,2012(1).

王跃平.语义预设与规约蕴含[J].扬州大学学报(人文社会科学版),2007(1).

王跃平.试论语用预设与认知语境——特殊会话隐涵-信息焦点的关系[J].徐州师范大学学报(哲学社会科学版),2010(1).

王正元.间接言语行为取效[J].外语与外语教学,1996(3).

谢宁.德国2011年度十大热点词汇简析[J].德语学习,2011(2).

袁梅.论言外之意的特征[J].唐都学刊,2004(6).

姚丽娟.预设——蕴含与会话含义的异同与联系[J].郑州大学学报(哲学社会科学版),2011(6)。

余东明.语法歧义和语用模糊对比研究[J].外国语,1997(6).

张武英.言外之意的类型及其推理[J].常州工学院学报(社科版),2005(2).

张涛.德语盛宴中不可或缺的调味剂——情态小品词用法新探[J].德语学习,2007(1).

张荣根.间接言语行为与认知语境[J].扬州大学学报(人文社会科学),1998(5).

钟珊辉.异常搭配的语用效果及其认知分析[J].广西大学学报(哲学社会科学版),2009(6).

周春林.语义激活扩散——词汇偏离搭配的语言理据[J].渤海大学学报(社会科学版),2009(6).

周延云.论言外之意的物质基础和心理机制[J].青岛海洋大学学报(社科版),1995(2).

朱建华.汉德祝愿语比较[J].同济大学学报(社会科学版),2004(1).

中文专著、合著、论文集与学位论文：

车文博．西方心理学史[M]．杭州：浙江教育出版社，1998．

陈晓春．德语修辞学[M]．上海：上海外语教育出版社，1997．

弗雷格．弗雷格哲学论著选集[M]．王路译．北京：商务印书馆，2001．

何自然．语用学与英语学习[M]．上海：上海外语教育出版社，1997．

何自然．语用学十二讲[M]．上海：华东师范大学出版社，2011．

何自然，陈新仁．当代语用学[M]．北京：外语教学与研究出版社，2004．

何自然，冉永平．新编语用学概论[M]．北京：北京大学出版社，2009．

何自然，冉永平．语用学概论[M]．长沙：湖南教育出版社，2002．

黑格尔．美学[M]．朱光潜，译．北京：商务印书馆，1979．

黄华新，陈宗明．符号学导论[M]．郑州：河南人民出版社，2004．

李洪儒．语句中的说话人形象[D]．哈尔滨：黑龙江大学博士论文，2003．

李福印．语义学概论[M]．北京：北京大学出版社，2007．

刘金文．言外之意探析[D]．曲阜：曲阜师范大学，2004．

刘江．逻辑学：推理与论证[M]．广州：华南理工大学出版社，2006．

刘春艳．间接式批评的语用功能研究[D]．锦州：渤海大学，2013．

刘世生，朱瑞青．文体学概论[M]．北京：北京大学出版社，2007．

刘森林．语用策略[M]．北京：社会科学文献出版社，2007．

罗素．心的分析[M]．贾可春译．北京：商务印书馆，2009．

钱冠连．美学语言学：语言美和言语美[M]．深圳：海天出版社，1993．

塞尔 J．心灵、语言和社会[M]．上海：上海译文出版社，2001．

孙瑶．隐性否定的语用分析与对外汉语教学[D]．沈阳：辽宁师范大学，2013．

石安石．语义研究[M]．北京：语文出版社，1998．

涂纪亮：现代西方哲学比较研究[M]．北京：中国社会科学出版社，1996．

徐思益．语言学论文选[M]．乌鲁木齐：新疆大学出版社，1994．

王德春，孙汝建，姚远．社会心理语言学[M]．上海：上海外语教育出版社，1995．

王京平．德语语言学教程[M]．北京：外语教学与研究出版社，2003．

王建平．语言交际中的艺术[M]．北京：中央党校出版社，1992．

王雪．现代汉语是非问句功能偏移研究[D]．哈尔滨：黑龙江大学，2011．

维特根斯坦．逻辑哲学论[M]．郭英译．北京：商务印书馆，1992．

伍铁平. 模糊语言学概论[M]. 上海:上海外语教育出版社,2000.

卫志强. 当代跨学科语言学》[M]. 北京:北京语言学院出版社,1992).

吴礼权. 修辞心理学[M]. 昆明:云南人民出版社,2002.

肖旭. 社会心理学[M]. 成都:电子科技大学出版社,2008.

杨宁. 中德报刊评论的篇章理解对比研究[D]. 大连:大连外国语学院硕士论文,2012.

张炼强. 修辞艺术探新[M]. 北京:北京燕山出版社,1992.

张勇. 德语一词多义的认知研究:德汉多义词认知学习词典中的意义建构[M]. 北京:北京理工大学出版社,2012.

张薇. 论语言的间接性:以德语笑话为例[D]. 洛阳:解放军外国语学院,2006.

赵艳芳. 认知语言学概论[M]. 上海:上海外语教育出版社,2001.

周之畅. 对外汉语教学中言外之意现象的考察[D]. 北京:北京语言大学,2007

周淑萍. 语境研究:传统与创新[M]. 厦门:厦门大学出版社,2011.

邹华. 语言冗余现象的语用分析[D]. 湖南大学硕士论文,2009.

赵劲.《跨文化经济交际中的中国礼貌》[A]. 朱建华,顾士渊. 中德跨文化交际新论[C]. 北京:外语教学与研究出版社,2007.

辞典类:

哈杜默德. 布斯曼. 语言学辞典[Z]. 北京:商务印书馆,2005.

网络资源:

www. duden. de

www. dwds. de

http:wikipedia. de

www. zeitonline. de

www. bildonline. de

www. spiegelonline. de

www. f ocusonline. de